图解 精益制造056

库存管理实践

在庫マネジメントの基本

[日] 石川和幸 著
张丹蓉 译

人民东方出版传媒
People's Oriental Publishing & Media
東方出版社
The Oriental Press

前　言

库存管理方法进化的时机

日本制造业真正成为国际企业的时机到来了。

被挑剔的顾客磨砺成熟的日本国内市场、日渐稳定但依然不可松懈的发达国家市场以及成长显著的新兴国家市场，对于活跃在全球舞台上的日本制造业来说，库存的管理和控制要有新的进化。

日本的流通业在购买力巨大的日本国内市场中，以应对独特的挑剔客户为轴心实现了进化。现在，在日本国内培养出的日本品质的服务水平开始进军国际舞台。

几乎所有经营产品的企业，为了追求收益性和永续性，都在一边直面顾客对服务水平的要求和库存风险之间的权衡局面，一边探索恰当的库存管理方法，并呼吁改善。

库存管理的实态是放任现场，缺失管理

库存管理原本指的是合理地筹备即将成为未来销售收入的

库存，同时防范风险，是管理上的决策事项。库存管理意味着投入资金，看清收益影响，就是进行“库存运营”。

但是，企业的库存管理是在现场由个人努力的层面，是远离管理的现场作业，还停留在操作的世界。结果，企业管理层越来越不了解营业、生产、采购的现场发生着什么，不知道该做出怎样的分析和指示。企业管理甘于放任现场、随波逐流。

从现场“依靠人的库存管理”到经营层面的“库存管理”

库存管理是流通业和制造业的事业支柱。预测需求、制订销售计划、制订采购计划和生产计划、采购零部件和原材料，这些是等同于控制物的流动的中枢神经业务。合理筹备库存，同时实现收益最大化和风险最小化，这不是现场的任务，而是管理的职责。

本书为使库存管理高度化，一改现场“依靠人的管理”，网罗了为使其向作为经营一环的“库存管理”进化，所需要的知识。

第 1 章叙述库存的定义和特征。第 2 章介绍会计上的库存定义。库存是金钱的另一种形态。会计上的库存管理是应该掌握的要点之一。

第 3 章和第 4 章分别概括了流通业和制造业的库存特征。第 5 章讲解传统的库存管理方法。大多数库存管理书籍都是讲到这些方法为止。

但本书会从第 6 章开始介绍库存管理方法的框架。第 6 章介绍供应链的设计方法。第 7 章介绍需求预测和销售计划的制订。第 8 章介绍需求计划的制订。第 9 章介绍通过设计物流业务来管理库存。第 10 章介绍降低库存单价的方法。通过这些，让读者理解库存管理不是现场作业层面的课题，而是企业管理的根本。

第 11 章会涉及关于库存“可视化”及管理指标。第 12 章介绍支撑库存管理的系统。

库存管理是让企业平衡收益与风险，确保收益性和永续性的重要的管理业务。衷心希望本书能或多或少地为支援企业的收益性和永续性做出贡献。

2014 年 3 月

石川和幸

目　录

第 1 章　库存管理是什么，为什么会成为一个问题

第2章　库存的基本知识①
会计上的库存

第 3 章　库存的基本知识②
作为流通业中的“物品”的库存

第 4 章　库存的基本知识③
作为制造业的“物”的库存

第5章 库存的基本知识④ 传统库存管理方法的理念

第 6 章　对库存合理化的努力①设计供应链

第7章 对库存合理化的努力② 需求预测、销售计划流程的合理化

第8章 对库存合理化的努力③ 供需调整流程的合理化

第 9 章 对库存合理化的努力④ 通过物流对策实现库存合理化

第 10 章　库存单价改善活动与注意事项

第 11 章　为实现库存最优化的可视化及管理指标

第 12 章　让库存最优化的系统

第 1 章

库存管理是什么，为什么会成为一个问题

1.1 库存指的是什么

会计上有定义，但每个企业的实际库存并不相同

库存到底是什么？

几乎所有围绕物品的企业都有“库存”。库存是资金的另一种形态，也就是资产，库存管理的好坏影响着企业的业绩。丰田汽车之所以对库存十分苛刻，就是曾经因为库存过度而直面经营危机。雷曼危机爆发之时，库存堆积、生产停滞，全日本的制造业都岌岌可危，想必大家还记忆犹新。

虽说库存会给企业的业绩带来影响，但其种类多种多样。这关系到后面的讨论，所以先来看看库存到底是什么。

首先，库存是指企业为了销售、制造和使用而持有的资产，在会计用语中称为盘点资产，分为商品、制品、在制品、原材料、保留品。一般来说，周围正在出售的物品和工厂里的零部件等都属于库存。

库存也有特殊内容。例如，房地产销售业中，房子和土地就是库存。软件销售业中，比如每年约定了许可数量的销售，

软件虽然是无形的商品，购入的许可数量则被视为库存。这是以销售为目的而持有的资产，因此也属于库存。

有时不同企业、部门根据不同的时间、场合也有不同的定义和称呼

会计上对分类使用的库存相关词汇都有准确的定义。但是实务中使用的词汇每个企业都不同，有时没有明确定义，自然而然就这么叫了，所以需要注意。

这是我知道的一个企业的例子。在这家企业，工厂里的库存有时候被称为“部材”，有时候叫“在制”。在企业内部，不

库存是什么

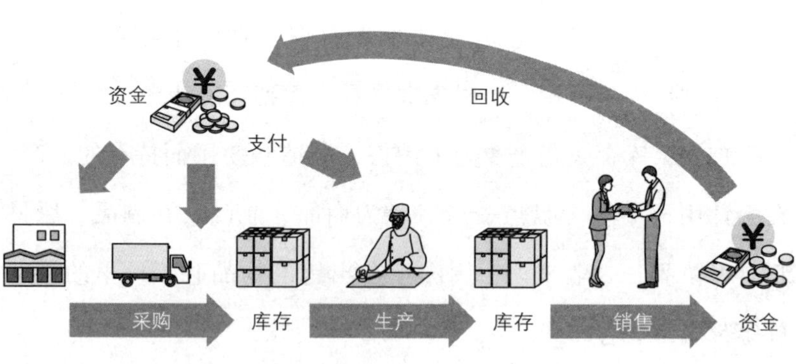

库存是资金的另一种形态。
卖出去以后才能回收资金，重新用于事业活动

同时间和场合，甚至不同的人都有不同的用法，有时候“部材”和“在制”是同一种物品，但有时“部材”指的是仓库里的东西，而“在制”是指工序中的物品。有的时候是这个意思，有的时候是那个意思，往往都是以符合企业内部逻辑的默契被使用的，因此常常不得不去想“现在指的是哪个意思”。然而，即使在同一企业内部，不同部门的认识也不同，这会引起不小的混乱。

日本企业在实务定义上往往都模棱两可。虽然这样做也有好处，但如果讨论的对象模糊不清，问题的认识和解决办法也会暧昧不明，准确地对其进行定义、在共同认识的基础上讨论问题，往往更有效率。

会计上定义的库存和企业内使用的词汇的关系

既然刚刚说关于库存的词汇含义暧昧，那么下面让我们简单确认一下指代库存的词汇。首先从会计上的词汇开始。

就像前面所说，会计上将库存称为盘点资产。盘点资产有以下分类。

商品：以销售为目的而持有的盘点资产。一般指的是从外部购入的物品。

制品：以销售为目的而生产的盘点资产。

在制品：正在生产、即将成为制品的盘点资产。

原材料：从外部购入、用于生产的盘点资产。原料和材料。当在企业内进行加工时，会计上称为在制品。

保留品：不是制品或商品，但仍被认为是库存的资产。比如生产中使用的重油、车辆使用的汽油、回收起来作为废品出售的铁屑等。

下面再来看一下实务中需要注意的词汇。

零部件：用于生产的构成品。一部分在企业内加工、组装，一部分从外部采购。企业内加工、生产的零部件在会计上记为在制品。从外部购入的零部件记为原材料。

原材料：用于生产的构成品。一部分在企业内生产，一部分从外部采购。企业内加工、生产的零部件在会计上记为在制品，从外部购入的零部件记为原材料。

中间品：生产过程中尚未成为成品的盘点资产有时被叫作中间品。

半成品：生产过程中尚未成为成品的盘点资产有时被叫作半成品。在生产过程中停滞、接到订单后再制成最终成品之前的库存被称为半成品。

不管实际中如何称呼，只要企业没有将其作为可能销售的成品计入库存，在会计上都是在制品。销售时，这些可能销售的盘点资产就会转化为制品。

元件、组件：生产过程中即将成为制品的盘点资产，加工、组装到一半的零部件。会计上记为在制品。

本书会在第 2 章详细探讨会计上对库存的定义和管理形态。从第 3 章开始探讨库存的实务。

无论如何，为了对自然而然分开讨论的“库存”和企业整体进行综合管理，必须用共通的语言重新定义。

会计上的库存和实务上的库存

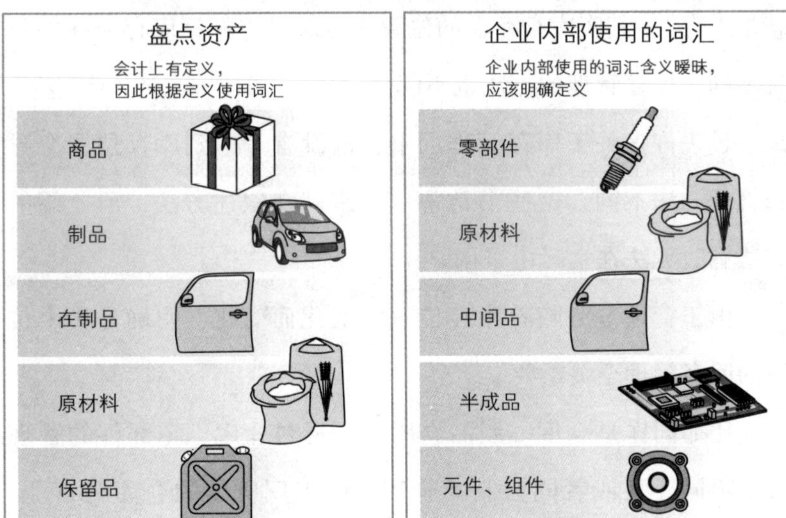

1.2 库存在哪里

店铺、仓库、运输、客户

不同的地方有不同的库存管理方法

让我们来看看库存存在于什么地方。可能有人认为“库存就是库存”，其实库存存在的位置十分关键。根据库存所在的位置不同，库存管理的方法也不同。

过去许多关于库存管理的书，都没有考虑到库存位置会导致管理方法不同。这些书常常一上来就在叙述方法，所介绍的方法有时无法在实际中采用。

由于管理方法随着库存位置的变化而变化，明确是哪个位置的库存管理至关重要。

比如同样是仓库，制品仓库、原材料仓库、零部件的管理方法不同。又或者同为制品仓库，但工厂所属的仓库与营业、销售点所属的仓库的管理方法也不同。

让我们来看看库存到底在哪些位置。

库存存在的场所

库存在店铺里

库存在店铺里。店铺当中，库存是摆在店里的陈列架上，还是在店铺仓库里，据此，管理的方法大不相同。

为了让陈列架上的库存不短缺、不过期，管理时要考虑配置和组合以加强销售。

店铺仓库里的库存要能在店铺库存卖完的时候迅速补充。店铺库存主要从流通的观点进行管理，从会计观点来看就是“商品”。

库存在仓库里

库存也在仓库里。仓库是多种多样的，有商品/制品仓库、零部件仓库、材料仓库、原材料仓库，还有流通仓库、营业仓库、工厂仓库、供应商仓库等，根据各种仓库的意义，库存的管理方法不尽相同。

各类仓库的管理要求无外乎没有缺货、没有过剩库存。不过，流通仓库还要根据目的被赋予各种功能，因此要采取与功能相辅相成的管理形态。

在会计上，自己不生产但用于销售的库存叫作商品，自己生产并用于销售的库存叫作制品，工厂仓库里的库存是在制品或原材料，供应商仓库里的库存基本上都是原材料。即使在企业内部仓库里，购入之前仍是“其他公司资产”，不作为本公司的库存。

库存在工序中间

库存在“工序中间”，不是正在生产线上，就是即将投入生产线。存在从仓库投入工序到再次回到仓库之前的库存。这些库存是现场作业的管理对象，不能从缺货和过剩库存的观点，而要从整理整顿和提高作业效率的观点来管理。在会计中，这些物品是“在制品”。

库存在运输途中

正在运输的库存叫作在途物资。库存在抵达目的仓库前作为“在途物资”处理，根据会计上不同的销售额计算基准，资产的归属地有所差异。当销售额计入点为“出货基准”时，出货后，就不再是本公司的库存了。与此相对，当销售额计入点为“到货基准”时，货物直到到货为止仍是本公司库存，其间库存处于在途状态。

“在途物资”有许多不明确的地方。举个例子，当本公司采取出货基准、对方采取到货基准时，在途的库存就会不属于任何一方，从而“消失”。此外，像海外的船舶运输等运输时间（运输前置时间）较长的情况下，“在途物资”就会变多，给企业的资金状况造成压力。

从会计的观点看，采取到货基准的在途物资作为“商品”或“制品”处理。采取出货基准时，货物会从本公司资产中消失，会计上的资产归属不明确，因此考虑到交易形态的实际状况，到货基准开始备受推崇。

在途物资追求的是缩短运输前置时间、压缩库存。此外，实时追踪货物运输层面的跟踪正变得越来越重要。

库存有时也在客户或供货商处

库存在客户处的情况下，有两种观点。

第一种是把本企业库存寄存在客户那里，只把已使用的部分计入销售的交易形态，是一种类似“富山卖药郎”[①] 的方法。

寄存库存也叫寄售库存、供应商管理库存（Vendor Managed Inventory）。采用供应商管理库存的方法时，对寄售的库存要准确管理、合理补充。会计上，寄售库存属于“商品”或“产品”。

对购买商来说，寄售库存不是本公司库存，只是寄存在该处的库存，在会计上不将其视为本公司资产。虽说是寄存，当库存的归属在供货商那里时，货物就要延后成为本公司库存，让供应商持有。

不在本公司的本公司库存

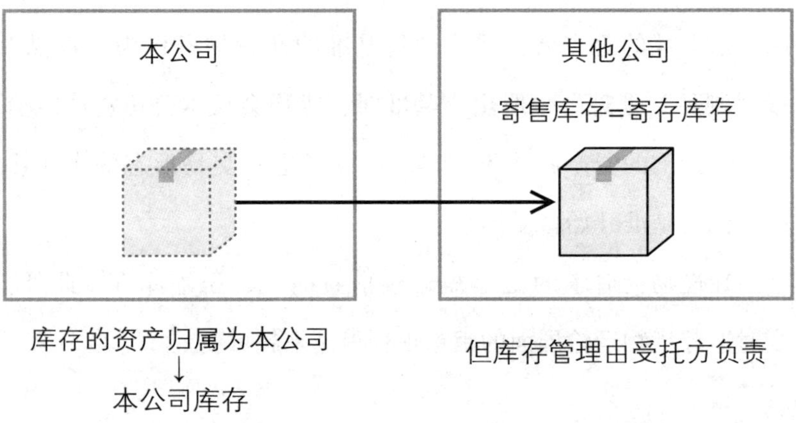

---

① “富山卖药郎”：指一种始于江户中期的商业形态。来自日本“药都”富山的行商，将药物寄放在全国各地的老主顾那里，每年造访一至二次，结算已使用部分的价款并补充药材。

还有一种是不寄存实物库存，而是通过担保将来的采购，让供货商持有库存的形态。依据“画框线”或“内示”等协议，先让供应商持有库存，期限到来时再凭协议领取货物。在领取之前，货物不是本企业库存，有被取走的风险，因此虽然不是会计上的库存，但在实务上需要注意。

还有无形的库存

库存之中还有无形的部分。而无形的库存也必须进行数量管理，在会计上要有所认识。有销售数量协议的软件是库存。例如，签了一年卖出 10 套的协议，现在卖出去 8 套，剩下的 2 套就是库存。因为有采购、入库、销售的循环，因此软件也是商品库存。这时，由于有采购价格，库存计价变得简单明了。

另一方面，本企业开发出的软件属于制品。如果是开发单体软件，所花的费用计为制品成本，销售出去之前都按在制处理。

组合程序的花费完成之前都按研发费用处理，计入经费，未完成的组合程序不是库存。但是，完成后的费用则是资产。例如，研发费属于费用，但一经组合装箱，包装制作费和媒体制作费等就会变成资产，作为库存的计价额，是库存的单价（价值）。

像这样，无形资产的处理甚为复杂。本书是以物品相关的库存管理为主题，因此关于无形库存不会继续深入。无形库存的代表是软件，其管理方法要参照软件会计的专业书籍。

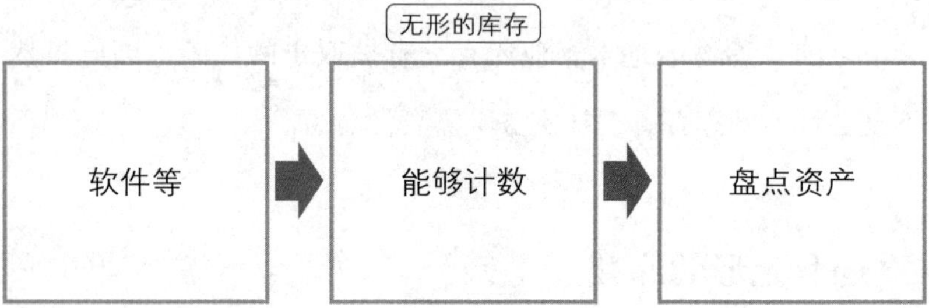

库存多种多样，用单纯的管理方法不可行

本节提出了库存的多样性。想必很多读者都对库存是如此多样的存在感到震惊吧。

根据各种库存的特点，管理方法也多种多样。许多库存管理的书籍往往无视这种多样性，只写“安全库存的定义”“定期定量是什么”，很难被运用到实践中。

本书会尽可能让读者在理解具有多样性特征的库存的基础上，提供管理的框架。

1.3 库存产生的原因

库存产生有 4 大原因

虽说“库存是万恶之源”，库存仍会产生

要是一开始就没有库存，也就没有必要进行库存管理。然而，库存实实在在地产生着。在许多流通业和制造业，只要有库存就必须进行库存管理。

迄今为止，几乎所有企业的改善活动都把库存定位成坏的，把削减库存当作最大的课题。极端情况下有时甚至宣扬以“零库存”为目标。

但是，无论怎么强调“库存是万恶之源”，库存还是会源源不绝地产生。即使某个地方达成了零库存的目标，往往也只是库存的保管地点移动了而已。

库存产生的原因主要有 4 个。

库存为何产生①：供求周期不一致

为什么会产生库存呢？原因很简单，就是需求方要求供货

时能够忍耐的时间（客户允许的前置时间）和供给方供货所花的时间（供给前置时间）之间存在差异。

也就是说，需求方想要货物的瞬间就马上想要，无法忍受生产的时间。

比方说，现在眼前有一个因喉咙干渴而烦恼的顾客。面对立刻就想喝上果汁的顾客，如果能够立即为他端上一杯果汁，顾客也会心满意足地付钱。

但是，如果这样一位顾客已经在眼前却才开始种橘子树，顾客可能会在大发雷霆之前先被你的做法惊呆。就算你去买橘子，顾客也会生气。为了不惹恼顾客，使其得到满足，就得把果汁作为库存保管起来，在顾客想要的瞬间马上递给他。

换句话说，为了填补客户允许的前置时间和供给前置时间之间的鸿沟，就必须将果汁作为商品纳入库存，于是就必然产生库存。

所以说，只要不是接到订单以后才选定原材料、绘制图纸的按订单生产的方式，就必须存在原材料、制品、商品等库存。

前面果汁的例子中，如果能够与农民签订好收购橘子的协议，再按照顾客的订单采购橘子、加工成果汁交给顾客，事先就无需库存。

但是，生产过程和运输过程中仍会产生库存。收购来的橘子是原材料，在榨成汁、灌进瓶子前是在制品，装瓶后运输过程中的果汁是制品和在途物资。只要生产和运输的时间不会消失，库存就必然产生。极端地说，只要不是在果园里从眼前把橘子摘下来放进嘴里，库存就会产生。

为了填补顾客允许的前置时间和供给前置时间之间的鸿沟，库存作为必要的物品而产生。

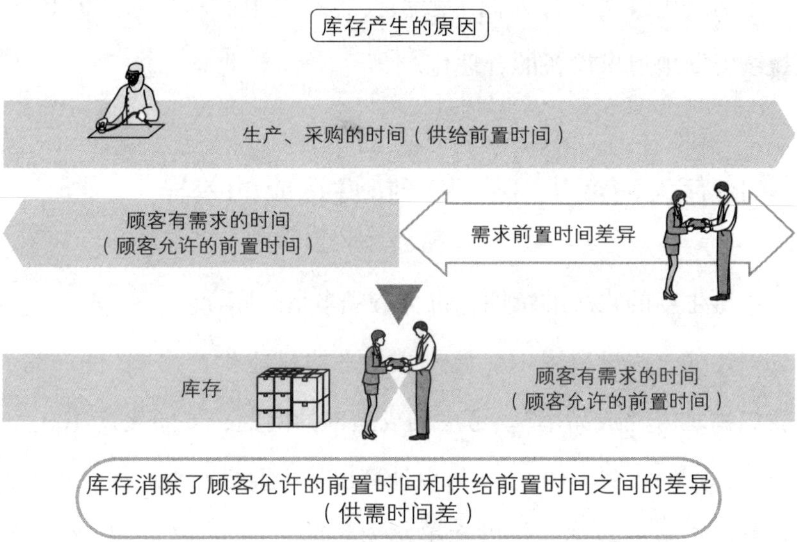

库存为何产生②：设备特性造成的差异

还有一个由于其他方面的差异而产生库存的情况，那就是设备特性造成的差异。

设备特性造成的差异就是由于设备状况，生产出了超过需求量的物品。例如，采用槽状设备时生产量是固定的，每次可以生产 100 千克。如果需求只有 10 千克时也生产出了 100 千克，剩下的 90 千克就成了库存。

因为设备的限制，生产出多余库存的情况屡见不鲜。设备生产出的数量正好和需求吻合当然再好不过，但是当为了考虑效率而产生浪费时，人们一般都会容忍多生产的物品。但必须持续不断地追求设备的合理化。

库存为何产生③：生产特性造成的差异

所生产的物品的特性，也会造成多余的库存。

比如，假设启用 100 台机械，平均只能生产出 90 件产品，我们称之为“成品率”。考虑到成品率的问题，要想生产 100 件产品，100÷0. 95 = 105. 3，可以计算出最少要投产 106 件。当然，这是一个平均数字，所以如果确实想要生产 100 件，考虑到风险，可能投入的会比 106 件还多。然而，结果未必会恰好生产出 100 件，运气好的话也可能生产出 105 件、103 件。这个多余的零头，就会成为库存。

生产特性造成的差异出现在产量不稳定的场合。即使从物理上、化学上都无法消除这种不稳定，也要不懈地改善成品率。

库存为何产生④：企业或业务政策

与前面的 3 个原因不同，企业或业务政策也可能成为制约，导致库存产生。例如后面将要详述的安全库存（参考第 151 页）也是如此。安全库存就是为了防止缺货、有回旋余地而累积的额外库存。

设备制约和生产特性造成的差异

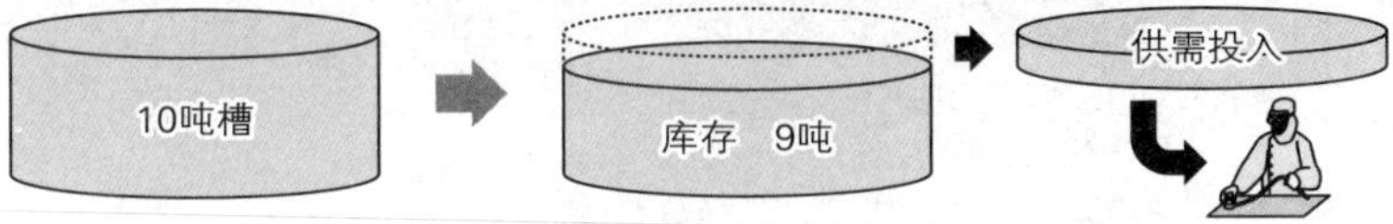

设备制约会造成超出需求的库存

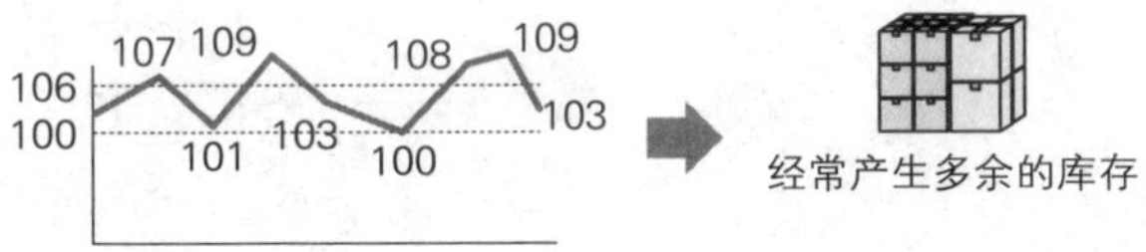

生产特性（成品率波动）造成库存

用其他的例子来说，比如在制品仓库间，转送库存货车的满载规定。这时为了把货车车厢装满，转送人员把不是马上需要的物品也一起运送了，转送到目的地的仓库的库存就会增加。

还有存在问题的“政策库存”。比如实施决算对策、增加生产结果产生的库存，还有为了改善总公司的单体决算而迫使销售点加强销售，由此给销售点造成的库存。

既有像安全库存这样在某种合理性估算的基础上产生的库存，也有单纯依据当时的判断、决策而产生的库存。无论人的意志如何都会产生的政策库存，正因为人的认识、判断、决策无规律可循，有时反而会带来错综复杂的问题。

政策库存

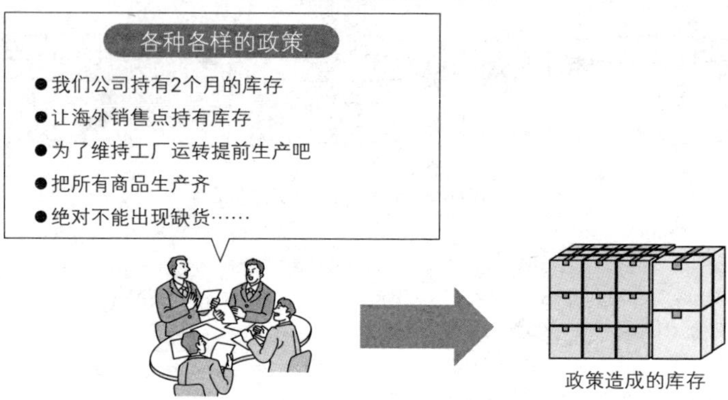

政策造成库存

库存并不是万恶的，库存无法控制才是万恶的

存在顾客允许的前置时间和供给前置时间之间的差异，设备特性造成的差异或者生产特性造成的差异时，无论如何都会

产生库存。由于这些库存是必然产生的，因此可以通过商业模式的选择和实际操作促进其合理化。

一言以蔽之，库存并不是万恶的，无法控制库存才是万恶的。控制库存、时常合理地进行维护的话，库存反而是弥补这些差异的有力武器。得到合理控制的库存可以消除缺货、提高销售额、提高生产效率。在这个意义上，库存非但不坏，而且是改善的武器。

本书尤其将重点放在第一点“顾客允许的前置时间和供给前置时间之间的差异”的处理上，阐述将库存化作武器的理念。

此外，“设备特性造成的差异”“生产特性造成的差异”是由改善活动带来的合理化课题，本书不详细展开。

“政策库存”是本书的重要主题。尽管库存能够人为控制，但仍有许多企业的库存管理不够彻底。跨部门业务造成的剩余库存和缺货被视若无物，追求部门最适（个别最适）的结果就是产生剩余库存。

针对顾客允许的前置时间和供给前置时间之间的差异的库存控制中，“政策”是一个关键问题。

例如，准备多少安全库存，这是由政策决定的。如果没有业务政策，对现场放任不管，那么一旦库存积压或发生缺货，就不分青红皂白地责备现场人员，都不过是权宜之计。

库存可以通过企业运营者的决策实现合理的管理。通过统合各部门和企业，将原本无法管理的库存纳入管理，改变反复发生库存积压、缺货的不良政策和业务状态，就能够掌握由企业控制库存的方向杆。本书的目的就是彻底厘清这个问题。

1.4 库存不卖、不用就会产生问题

影响销售额、利润甚至品牌价值

卖不出去的库存是问题①：对库存本身的影响

下面是一家服装企业客户推进项目时的实例。这家企业库存堆积如山，连 3 年前的存货都还视若珍宝地拿来在每半年举行一次的百货公司展销中售卖，卖不出去的退货，如此反复。

服装产业库存示例

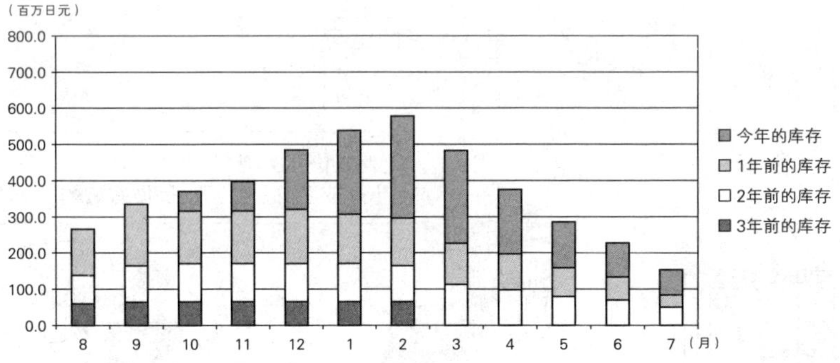

我向企业的负责人说："这么多库存，资金周转可能也较困难，还要花仓库费、装卸费和运输费。""不，我们前总经理说过，'库存就是钱，库存多也就是钱多，没什么大碍'。卖出去就好了。”听到负责人这么回答，我大吃一惊。他似乎认为库存积压并不是什么问题。

事实似乎的确如此，而且仔细追问的话，有些东西他还是说得没错。虽然“卖出去就没问题了”，但这个服装企业存在的问题正是“不能立刻卖出去”，也就是“在恰当的时间点上卖不出去”。

不管库存的数量和金额有多庞大，只要能马上卖出去，库存就会变成钱回到手里，所以的确没有问题（让我们先不考虑资金回收期限的问题）。但是，如果卖不出去，钱就会变成库存一直滞留，结果是不能在有需要的时候收回所需的资金。企业必须给员工发工资、给供应商付钱、支付其他经费。资金收不回来，资金就会周转不利。

库存过多的危害

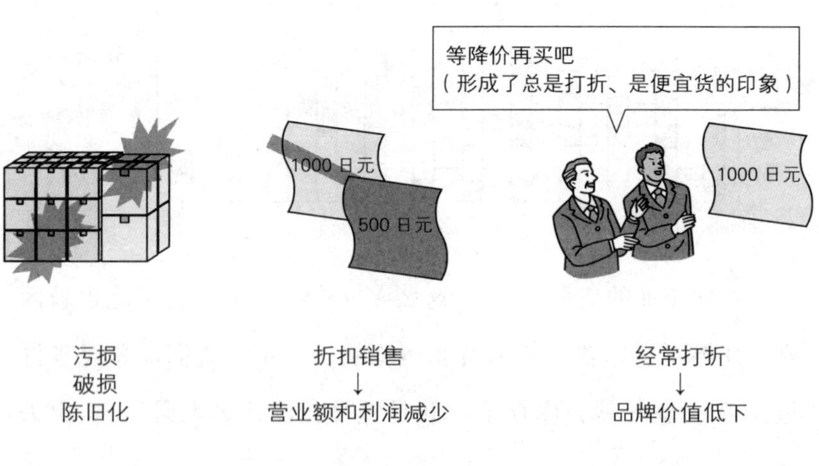

此外，卖不出去、长时间滞留的库存会过期、陈旧、损坏，越来越卖不出去。

比如刚才服装企业的例子。这家服装企业积攒了很多卖不出去的存货。因为它的商品是服装，不像食品一样有保质期，但流行终结在某种意义上也是保质期的一种。一旦流行过去，服装商品就会过期，等同于报废。

库存有时还会损坏、弄脏。服装经过无数次展销，在仓库和店铺之间来来回回，很可能损坏、开线、脏污。这样一来，就无法再成为商品了。

在短周期内把库存卖出去、在恰当的时间节点销售库存至关重要。

卖不出去的库存是问题②：对销售额、利润的影响

企业有时会为了卖出存货而降价。一旦降价，当初预定的销售目标就无法确保，利润也会减少。

例如，一个售价为 100 日元、进价 50 日元的商品，毛利润有 50 日元。如果卖出一件花去 30 日元的经费，“100 日元-50 日元-30 日元”，利润就是 20 日元。

假使这件商品卖不出去，降价到 70 日元，“70 日元-50 日

元-30 日元”，就会损失 10 日元。降价的影响不可小觑，如果因为卖不出去而迫不得已地降价，销售额和利润都会受影响。

如果商品即使降价也卖不出去，最后只能遗弃，这是纯损失。既不能变成销售额，也无法收回成本，只会产生损失。在刚才的例子中，销售额为 0、用 50 日元进货的部分成为彻底的损失，还要消耗各种各样的经费，结果损失巨大。

如果企业在持有合理数量的库存、以合理的价格销售，然后再进货、销售、实现快速周转时，能够实施管理的话就不会有问题，卖不出去才会产生问题。

卖不出去的库存是问题③：对销售额、利润的影响

很多企业会为了卖光存货实施降价，但反复降价会对企业造成长期的恶劣影响。企业一旦受到“稍微过一段时间就会降价”的风评，顾客就会做出没必要急着买的判断。这样一来，哪怕推出新商品，顾客也不会马上购买，库存进一步积压，形成恶性循环。那些让顾客非降价和促销时不买的商品品牌，正是陷入了这个恶性的旋涡。

没必要抢着先买也是商品失去人气的体现。而且，降价就是在说自家商品的价值“没什么了不起”的信号。顾客会越来

越少。

对于一味降价的企业来说，不仅制品受到质疑，顾客对这家企业本身的信赖和企业的品牌力都会开始动摇。如果便宜卖成了常态，有价格跟没价格一样，买家可能也常常对拥有便宜的制品而感到没面子。卖不出去的库存不断降价就是长期败坏企业价值。

关键在于不造成卖不出去的库存，或者尽量少造成，以降低风险。库存管理的目的无非是“不持有卖不出去的库存”“尽量减少库存”。

不用的库存是问题

除了作为商品和制品出售的库存外，还有工厂里用于生产的在制品和原材料。这些库存如果不用就会变成问题。从而引发库存滞留、导致资金停滞、发生额外的管理费、使用期限到期，出现陈旧化、故障等问题。这样不但会产生报废损失，还会发生报废处理费用。

在制品和原材料也要及时准备、快速周转，避免产生不需要的东西。在制品和原材料也无需准备额外的库存，或者尽量少准备，以降低风险。库存管理的目的无非是“不持有不适用的库存”“尽量减少库存”。

1.5 库存过多或者过少都是问题

过多会导致资金枯竭，过少会增加缺货风险

库存过多会产生问题

存货卖不出去或者不用，问题就会产生。库存不卖、不用，换句话说就是库存过多，存在超过预计销量或预计使用量的库存。

存在超过所需数量的库存是怎么一回事呢？可能也有人觉得什么时候卖出去就好了，所以没什么大碍。但是，就像前面服装企业的例子中所体现的，对企业来说滞留的库存是导致经营恶化的重大原因。让我们来整理一下。

首先，库存过多导致资金枯竭是一个大问题。如果能早点把库存卖出去、数量少而高效地卖完变成钱的话，企业就会平安无事，但如果变不成钱一直剩着，就会引起资金不足。

而且，库存过多的话，利润就会减少。管理库存所必需的费用首先是仓库相关的费用。放在本企业仓库的话，有仓库管理费、水电光热费、固定资产税、折旧费、系统使用费。如果是租借的仓库，则要支付仓库租赁费用。

仓库本身花费的费用有装卸费用、盘点作业等管理费。库存陈旧化以后产生评估损耗、废弃的话，会有废弃损耗、废弃费用。附带的还有保险费，根据需要可能有二次检查费、仓库内的移动费，仓库满仓的话，还要花费仓库之间的物流费。

通常，如果有库存，每年要产生存货金额 10%—20% 的费用。这个百分比是我在多个企业开展项目时总结出来的数字。

持有库存时必要的费用

仓库租借费	原材料费
装卸费	现金收回期间的利息
保险费	库存计价损失
人工费	库存减少损耗
水电光热费	库存报废损失
系统运用费	库存的处理费用
折旧费	配送费
固定资产税	市场营销（促销）费用

产生库存金额的10%~20%的成本

与财务部门一合计，保守估计会产生 10% 左右的费用。然而和业务部门一合计，至少要达到 20%。外资系的咨询公司和厂商几乎都按 20% 考虑库存的费用影响。在不同的公司，这一点有所差异，和财务部门探讨一次为好。我认为只要存在库存，就有意想不到的费用。

假如平均每年有 1 亿日元的库存，仅因为这些库存，就要花费 1000 万—2000 万日元的费用。库存对利润的压迫到了这种地步。库存越多，库存相关费用越多，无益地压迫着收益。

库存越多，问题藏得越深

过多的库存不仅影响企业业绩，还是掩盖企业内部存在的问题的原因。

考虑到应对顾客需求，有时候适度多的库存反而更好。有着急的订单也不会缺货，更不会拖延交期。工厂里零部件和原料很多的话，无论何时都能展开生产，十分便利。

但是，过多的库存会隐藏很多浪费。原本如果只是高效地生产出来、马上卖出去的产品，成为库存的话，并不是浪费。然而，库存多就是花费生产成本生产不需要的库存。如果只是生产需要的物品，可能只需要少量的人员就能生产，光热费也可能更低。仓库的空间也不需要很大，搬运的次数也可能很少。

即使有压缩成本的余地，由于存在大量库存工作得以顺利进行，降低成本的意欲就会下降。

存在库存的话，作业人员缩短生产时间来快速生产，然后交货的意欲就会下降。短时间内需要多少都能供应的话，效率会很高，但如果有了库存，放慢速度进行生产也可以。所以缩短作业时间、减少无效时间的动力低下。

而且，质量意识也会变得薄弱。不良率过高，无视不良大量生产，就可以除去不良品后出货。

总之，如果能够出货，就会延迟降低不良率，意识到不良问题的时间也有可能延迟。

当然，过量库存把问题掩盖起来的状况，在管理水平高的企业或许不会发生。但虽说如此，库存多可能拖延发现问题的时间，降低改善的意欲。

库存过少也会产生问题

那么，要说库存是不是越少越好，其实未必。库存过少时也会发生问题。

库存过少，缺货的风险就会提高。缺货对顾客来说，是绝对不能发生的状况。当顾客是个人消费者时，不只会失去一次销售的机会，顾客还可能今后不会再来买了。当顾客是法人时，如果给客户的生产造成困扰，导致客户存货卖空，就会酿成大问题，甚至有可能失去信用，对交易造成障碍，最坏还会被客户要求赔偿损失。

本企业内也会发生问题。例如，由于原材料和零部件不足，本企业生产线停滞、出现混乱。还会导致增加督促供应商的手续、必须得和顾客商量调整交期、调整的工数激增、无用的作业变多。

此外，向很多顾客销售的制品过少的场合，会出现库存的争夺和少量库存的分配调整。会发生库存充裕时不会产生的业务上的混乱和调整作业。

而且，为了补偿客户，往往会把用船舶运输的货物改为空运。这部分成本和花费又是巨大的损失。

库存过少的危害

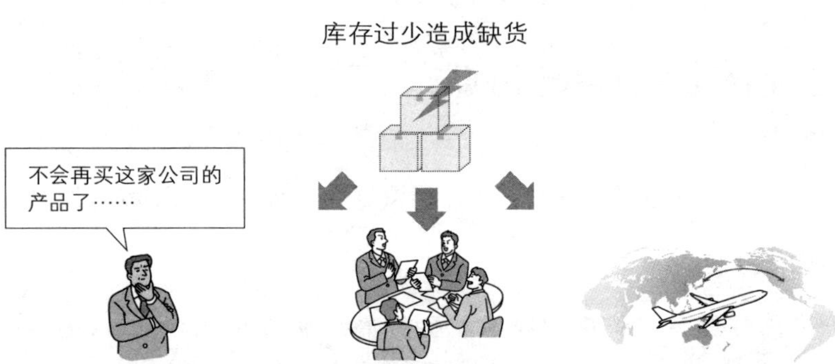

库存过多是问题，过少也是问题。库存必须控制在最佳范围内。

1.6 库存是外部监视的企业业绩评价指标

金融机关、投资家、顾客、供应商把库存视为问题

过剩的库存损害企业信用

库存的问题在企业外部也被视为问题。特别是过剩的库存在企业的业绩评价上往往是负面评价的对象。

像前文写的，过剩的库存会引发资金压力和利润低下，给企业的业绩带来不良影响。对这些状况敏感的有金融机关、投资家、顾客和供应商。

对“金融机关”来说，过剩库存是资金周转的负累，担心过多的库存是否会导致资金周转不善，贷款能否收回。

而且，此后新的借贷审批也会亮起黄灯。因为银行必须考虑对库存多、资金周转不善的企业再贷款是否妥善的问题。过剩库存对想借贷资金的企业是负面材料。

同样，在“投资家”看来也是负面的。库存过剩是销售不畅的信号。而且，为了卖掉过剩的库存实施降价，促销费用和库存处理费用增加，形成恶性循环。如果是上市企业，这会成

为股价下跌的主要原因，对投资家来说不是乐见的状况。如果是投资家，可能会考虑抛售股票。库存的增加对投资家来说是评价企业的负面指标。

“客户”也在意库存的积压。这种情况下的顾客指的是法人。对法人顾客来说，因过剩库存导致供应商资金短缺，如果导致破产会成为大问题，即无法继续进行交易。

此外，新增交易的情况下，过剩库存会成为信用上的隐患。在考虑永续性交易时就会成为风险。

“供应商”也能看到过剩的库存是一种风险。他们担心的问题是把制品卖给这家企业，能否如数收回赊销金，万一该企业破产，这些资金是不是会变成呆账。因此对供应商来说，过剩库存会形成信用上的风险。

如上，过剩库存是损害企业信用的主要原因。

无论财务上还是实务上都必须达成合理库存

企业外部的人也对企业持有的库存感兴趣。库存影响资金周转、影响企业利润。从过剩库存的状况，能够预测今后的贷款、股价、商业中的风险。

但如果说库存越少越好或者没有库存最好，其实并不尽然。不过，就像我们看到的，把库存降低到 0 是不现实的，而且过少的库存也会引发问题。库存过多并不直接引发问题，没有恰当地控制才是问题的关键。

除了减少库存，如何恰当地控制库存也是本书的重要线索。不是一次性地削减库存，而要在财务上、实务上定义合理的库存。后面我们将介绍在合理范围内永续性地控制库存的方法。把库存纳入管理，确立不断提高收益的“库存管理”。

第 2 章

库存的基本知识①
会计上的库存

2.1 库存可以用金额计算

能够评价对企业经营造成的影响

库存是资金的另一种形态

库存是实物，在物理上以“物”的形式存在，所以库存管理基本就是“物”的管理。

从数量的角度看，数量多的物品较引人注目。即使减少了库存，由于数量多的物品影响更大，所以更容易成为改善对象。

但是，数量有时未必是基准，金额大小才是问题所在。单价高昂的物品，即使数量不多，也是重要的管理对象，因为它们在金额上影响甚大。

例如有一种名叫“分档器”的半导体生产设备部件里的曝光装置。1 个该曝光装置价值可达数百万日元。必须注意，这样的高价设备作为库存管理的对象时不能按数量基准，而要按金额基准。

如上所述，作为企业活动的库存管理不仅要按数量，而且要按金额进行管理。因为库存是资金的另一种形态。

本章将阐述用资金管理库存时很重要的一点——库存计价。

库存的单位：单价、原价

库存的单位是"单价"或"原价"，代表每单位库存的计价金额。从外部采购的物品的单价叫作采购单价，企业内制造的物品的单价叫作制造单价。

以采购单价为例，从外部购入1个100日元的零部件，意味着产生了采购单价为100日元的库存。假如购买100件这种零部件，库存金额就是：

100日元/件（采购单价）×100件（数量）=10000日元（库存金额）

即产生了10000日元的库存。严格说，就是"有100件单价为100日元的零部件库存，库存金额10000日元"。

库存相关的减成本方法

企业的成绩要用金额来评价。要增加企业利润、改善资金周转，就要减少库存金额。

为了实现这个目标，其中一个方法就是减少库存数量。另一个方法则是降低单价。

借用刚刚的式子就是：

100 日元/件×100 件=10000 日元

如果 100 日元的采购单价降低到 80 日元，采购单价减少 20 日元，成本就得到了降低。

80 日元/件×100 件=8000 日元

制造原价也一样。制造原价降低等于成本得到了降低。

降低单价是降低库存金额的重要方法。

用金额评价库存的优点

库存能够用金额来计价，所以可以为应实施库存管理的品目排出优先顺序。库存金额大的物品，相应地有较高的改善效果。反之，库存金额小的物品改善效果不高。

例如，当有 10000 件单价为 300 日元的零部件 A（库存金额 300 万元）和 10000 件单价为 10 日元的零部件 B 时，零部件 A 的库存金额更高，应该更加重点管理。

当然，有一个特殊的例子是虽然价廉但保管不便的物品，如果管理不善就会产生额外的经费。比如泡沫苯乙烯的容器等，

降低库存金额的方法

库存金额 = 单价（采购单价/制造成本） × 数量

成本降低 = 单价降低 × 数量减少

由于体积庞大，需要大型仓库进行保管。这时，增加库存就要支出额外的保管费，因此尽管价格便宜，仍要实行严格的管理。

对于从外部对企业进行评价的人来说，库存能够用金额计价也是一件好事。由此，能够判断这家企业的库存是在增加还是减少，以及与竞争对手的相对状况。

会计上的库存

库存在会计上称为“盘点资产”。会计采用分录科目对库存进行了分类。在分录科目上，有商品、制品、在制品、原材料、保留品等项目。每个项目在会计上的定义我们在第 1 章已经确认过了，请参考第 1 章。

在会计上采用统一的定义便于不同企业之间比较。原材料数量与制品数量、商品与制品比例，对这些也能进行比较。能进行比较，就能判断不同企业的战略和经营状况的差异。

例如，我的一家企业客户的竞争企业，近期原材料的比重上升了。原材料的比例相对于制品增加，由此推断，该业界制品更新换代频繁、需求变动剧烈，导致风险变高、竞争激化，该企业为了减少制品的报废，开始采取囤积原材料库存、接单后再制造、出货的战略。

可以根据公开的财务数值进行企业间的比较

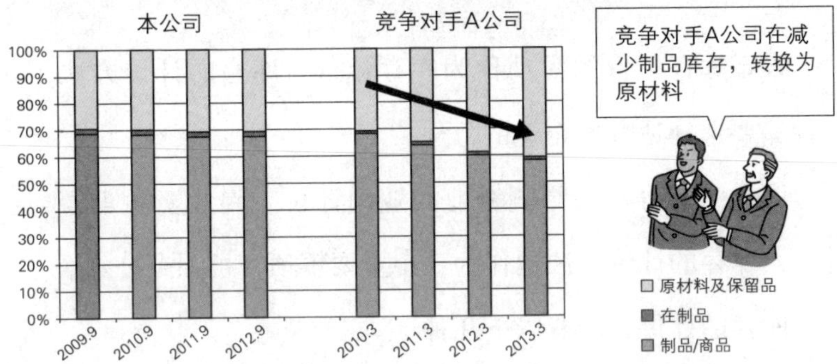

可以根据公开的财务数值进行企业间的比较

如上所述，库存在会计上统一分类有利于分析、比较。

2.2 被购入的库存的计价方法多种多样

个别法、先入先出法、后入先出法、移动平均法、总平均法

库存的计价方法不止一种

设定库存单价的活动称为库存计价。库存的计价方法不止一种，要选择适合本企业的方法。

库存的计价也会影响企业的业绩评价，因此至关重要。会计上，库存的计价方法也作为一个重要事项，被强令公示。

库存的计价方法有以下几种。

①个别法

针对每个时间点购入或制造的库存，逐一进行金额计价的方法。如果库存个别性较强，或者每次交易时，想确认特定卖出去的品目的库存金额、获得的利润，就要采取这种方法。在实施大量生产的行业里，考虑到管理成本，不采取这种方法。

比如不动产业里的土地、高级二手车等就属于此类。个别法是一种能够详细计算利润的方法，但操作时必须个别记录库

存金额、管理每次交易单位卖出了哪件库存，比较费功夫。

②先入先出法（FIFO）

从先入库的物品开始销售的计价方法。先入先出法类似个别法，是按采购单位特定库存价格，发生销售时，假定出库的是较早采购的库存。英语是“First-in First-out”，所以翻译简写成“FIFO”。采用先入先出法时，认为剩余的库存是后买的（新的），把后来的采购单价作为库存单价。这可能更接近实际的交易形态。

比方说，仓库里有分 3 次购买的库存，3 次的采购价格分别是 100 日元、90 日元、80 日元，库存本身分别按各自的价格进行了计价，但卖出时并不特定是哪一次采购的物品，始终认为是最早买来的卖出去了，也就是单价为 100 日元的库存先卖光。

先入先出法中，为了保持每次采购的库存单价，尽管不如个别法那么烦琐，但仍要花费相应的精力进行管理。

③后入先出法（LIFO）

与先入先出法相反，从后买进的物品开始出售。英语是“Last-in First-out”，简写成“LIFO”。采用后入先出法时，剩下的库存是较早采购的物品（旧的物品），采用后来的采购单价作为库存单价。这种方法在实际中几乎不采用。

④移动平均法

移动平均法是指每次发生采购时，取剩余库存的单价的平均值进行计价的方法。例如，假设一开始有 1000 日元（100 日元/件×10 件）的库存，之后按 200 日元的单价购入了 10 件（2000 日元），计算出此时采购单价为（1000 日元+2000 日元=3000 日元）÷（10 件+10 件=20 件）= 150 日元/件。

接下来再以 300 日元购入 10 件（3000 日元）的话，导入上次计价时的库存，计算出采购单价为（3000 日元+3000 日元=6000 日元）/（20 件+10 件=30 件）= 200 日元/件。移动平均法就是像这样使平均值移动的方法。

⑤总平均法

移动平均法是指移动计算每次购入时的平均值的方法，总平均法则是将一定期限内购进的库存全部平均计价的方法。是以月份等期限为单位，回过头去对上个月的库存进行计价，统一对卖出去的库存和现在剩余的库存重新计价的方法。套用刚才的例子就是：

100 日元/件×10 件=1000 日元

200 日元/件×10 件=2000 日元

300 日元/件×10 件=3000 日元

（1000 日元+2000 日元+3000 日元）÷30 个=200 日元/件

库存的单价随计价方法而变化

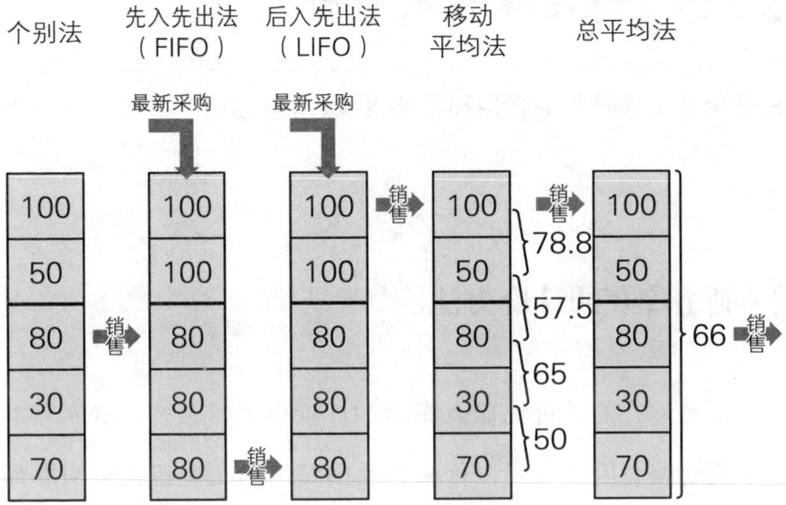

2.3 制造库存的计价方法

包括能够直接计算的费用和不能直接计算的费用

制造库存的计价方法

制造库存的计价比购入库存的计价更加复杂。制造库存本身没有价格，因此需要自行将企业内发生的制造相关费用罗列出来进行计算，这就是库存的计价金额（成本）。简单概括库存的计价计算就是“库存计价额=材料费+加工费+经费”。

材料指购入的零部件和原材料。这是购入的库存，因此可以采用上一节里介绍的库存计价方法进行计价。

用于制造的材料可作为“材料费”编入库存计价。假如制造中使用的外购材料为 1000 日元，则作为材料费编入库存计价。

加工费是加工材料时花费的作业费用。加工费只是会计上的叫法，制造所必需的作业花费的一切费用都归类为加工费。不仅包括原来的加工作业，组装作业的花费、涂装费用、包装费用也都按加工费计算。

例如，假设制造1件制品，组装作业花费1小时。如果这项作业的费用为每小时5000日元，就要加上5000日元的加工费用。

经费指的是制造所花的材料费和加工费以外的费用。例如，假设制造刚刚的1件制品的作业场地花费了1小时1000日元的租赁费用，加工费用就要加上1000日元的经费。

在这个例子中，1000日元（材料费）+5000日元（加工费）+1000日元（经费），制造库存的单价即7000日元。

制品和在制品的关系

制造库存包括制品和即将成为制品的在制品。在制品是尚未成为制品的库存。

在制品的计价就是上面看到的“在制品=材料费+加工费+经费”。

那么，如果制品使用该在制品进行加工、组装，“制品库存=在制品+加工费+经费”。

也就是说，制造即将成为制品的零部件和材料的在制品时，产生的费用先集中为在制品，再以“在制品库存”的形式计入库存。成为制品时，将使用了的制品库存算入制品库存的单价。用在制品进行制造时，要根据在制品的数量，把花费的加工费、经费合计起来。

制造品的库存单价的计算方法

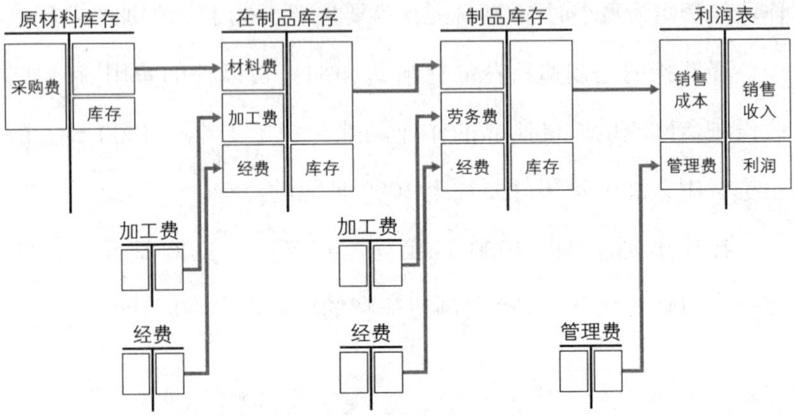

制造品的库存单价是这样计算出来、最后成为销售成本的

分摊问题

进行制造库存计价时，有一个不可不知的注意点。计入库存的费用中，生产 1 件库存时存在“能够直接计算的费用”和“不能直接计算的费用”。

比方说，生产 1 件库存时使用多少零部件等材料是固定的，就可以计算出计入直接库存的费用。

然而，由机械整日运转消耗的燃料费，无法直接计算出制造每件库存花费了多少，必须采用某种间接方法。

能够直接计算自然轻松，无法直接计算时，必须通过将费用分摊到每项库存进行计算。这就是“分摊”的理念。

分摊是会计用语，指的是将用于库存制造的费用里无法计入直接库存的部分核算出来，间接地进行分摊。

再举刚刚燃料费的例子。假定 1 天 8 小时花费了 1000 日元的燃料费。生产出了 100 件制品 A、300 件制品 B，合计 400 件。按生产数量 = 产量进行分摊的话，可以计算出：

· 分摊到 A：1000 日元/（100 件 + 300 件）×100 件 = 250 日元

1 件 A 制品的燃料费分摊额为：250 日元 ÷ 100 件 = 2.5 日元/件

· 分摊到 B：1000 日元/（100 件 + 300 件）×300 件 = 750 日元

1 件 B 制品的燃料费分摊额为：750 日元 ÷ 300 件 = 2.5 日元/件

这是按产量分摊的形式。

分摊计算采用的基准有产量、人数、地面面积、时间等，要根据费用选择更加恰当的形式。

分摊一方面采用简易的方法提高了计算效率，但这是一种暂时的计算。当未必能够反映真实情况的细节时，蕴藏着引发问题的可能性。

例如，刚刚采用产量进行分摊的制品 A、B，两种制品都分摊了每件 2.5 日元，实际上生产 A 和 B，驱动机械的时间都是 4 小时。这次如果按照时间分摊，分摊额就会发生如下变化。

· 分摊到 A：1000 日元/（8 小时）×4 小时 = 500 日元

1 件 A 制品的燃料费分摊额为：500 日元 ÷ 100 件 = 5 日元/件

· 分摊到 B：1000 日元/（8 小时）×4 小时 = 500 日元

1 件 B 制品的燃料费分摊额为：500 日元 ÷ 300 件 = 1.66 日元/件

分摊基准示例

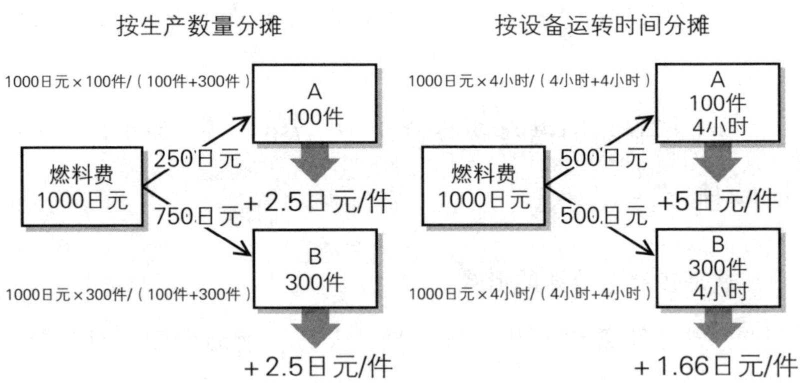

分摊基准不同，分摊额不同

一开始按产量计算的话，二者花费的费用相同，无论生产销售哪一个看起来都没有差别，但如果按照时间计算，B 的生产成本更低，可以看出相对于卖价，制品 B 卖得越多越赚钱。这样一来也会影响制造的优先顺序等决策，这一点需要注意。

分摊的计算方法不同，库存单价不同，所以会影响判断。尽管想要尽可能细致地计算，但考虑到花费的工夫、繁杂程度以及效率，而必须考虑预先结论。但是，计算太过简便就会缺乏准确性，还可能导致判断失误。分摊存在的这些问题需要注意。

库存相关的减成本方法和库存计价

制造品目的库存计价额等于材料费+加工费+经费。库存相关的减成本方法就是为了降低库存金额，减少各项费用的金额，降低库存单价。例如材料费采取各种措施以降低材料费单价，减少使用量等。加工费可以通过提高作业效率来减少。经费则可以通过制造相关的各种经费的降低活动来减少。

减成本活动中，正是与这些能够以金额换算的效果直接相联系才能有效。为了降低库存金额，企业会开展各种各样的改善活动。

2.4 企业内部状况变动对库存单价和利润的影响

库存越多利润越多，有可能被用于决算

组织间、关联企业间的库存

上一节介绍了制造出的库存的单价是各种制造相关费用相加决定的。库存中，还要加上这之外的各种费用，既有实际发生的费用，也有组织间、关联企业间假想设定的费用。

一个常见的例子就是组织间、关联企业间销售额的建立。

例如，从工厂向营业部门转移库存时实行企业内部交易，按交货价格领取的例子。这时，工厂在制品原价加上工厂的利润，以交货价格向营业部门交付货物。这其实是同一法人内的虚拟交易，向外部进行会计报告时，这种虚拟交易并不体现。

即使在同一家企业内，有意将只考虑成本的成本中心主义转变为重视利润的利润中心主义，常采用这种方法。但是用得太过也会造成危害。

主要的危害就是在同一企业内，营业部门和工厂围绕虚拟的利益分配产生纷争。工厂卖得越贵利润越高，就想提高对营业部门的单价。相反，营业部门则想压低从工厂提货的单价来增加利润，这是单价之争。

此外，到了期末，工厂想方设法把库存塞给营业，营业却要尽一切可能把库存留在工厂。

库存一发生移动，工厂的销售额和营业的采购就成立了。工厂期末销售额增加、库存减少，评价变好。相反，营业采购确定、库存增加，业绩受损。这样一来，围绕库存是转移到营业还是留在工厂的问题，期末就会发生矛盾。如果营业和工厂同属一企业，从外部看来，这样的争端毫无意义。

同样的事情还发生在母公司和子公司之间，以及制造企业和销售企业之间。如果在会计上同为合并对象的企业，等于是合并决算时就会消失的单体企业间的利益之争，同样毫无意义。

关联企业间的交易

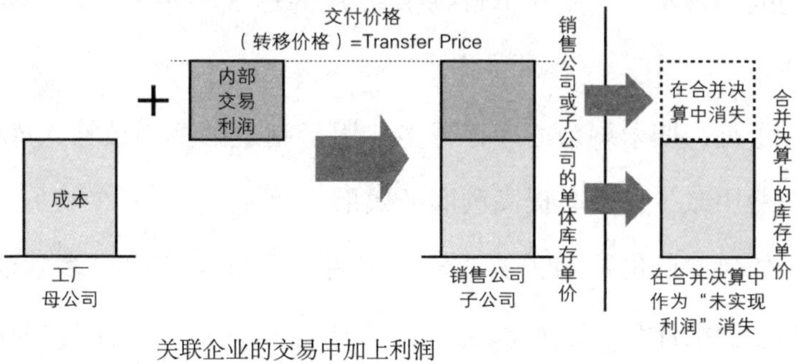

在关联企业的交易中加上的内部交易利润会在合并决算时消失

从外部看来，为了毫无意义的事情争执的企业出乎意料地多。在企业内部争夺库存单价和库存配置没有意义，为了避免这种无益的纷争，要慎重地运用评价组织的管理指标。

库存越多利润越多，有可能被用来应付决算

制造出的库存以“在制品”“制品”的形式出现在决算书里。接下来我们稍做深入，从会计的观点看库存带来影响的决算时的处理。

库存属于资产会计科目，期末要载入资产负债表。资产负债表上录入的库存将继续转入下一会计期。另一方面，费用录入利润表，用于计算当期利润。

库存里集中了当期活动产生的费用，期末剩余的库存贡献下期的销售额，以库存单价（原价）的形式集中的费用转结到下期。

于是，期末剩余的库存越多，用于制造的费用被算入库存，当期费用减少，会有提高利润的效果。

如果工厂也按照预算生产，或者比预计生产得更多就能得到好的业绩评价，工厂就会有提高生产量的欲求。而且费用会变成库存转结到下期，生产得越多利润就越高，业绩评价越好。

当然，制品库存增加，如果事先协商一致制品库存不是工

厂而是营业部门资产，工厂就会佯装不知。或者明明是完成的制品却计入在制品，通过让制品处于待检状态等操作减少费用，还可以提高工厂稼动率。把费用转为资产，能够减少当期费用、大幅提高利润，因此稼动严格的工厂为了提高工厂业绩，试图一味地提高工厂稼动率。

结果，工厂把库存当成了提高利润的工具。库存当然会增加，但是当以销售额、利润评价为主时，需要注意无视库存来计算利润的陷阱。因此，会计中对库存的监视非常重要。

库存是使利润变动的资产。组织间、企业间库存单价的确定方法、期末销售额的确立和库存的配置、费用计入库存单价的时间和库存的增加等要常常注意，企业经营需要慎重，不要被表面上的利润摆布。

2.5 企业外部状况变动对库存单价和利润的影响

原材料的价格变动和采购单价的变化

市况引起的原材料变动

库存的单价并非总是一成不变。企业内部的局面难以预料，企业外部的状况也瞬息万变。比较容易理解的一点是“市况”。大多数原材料受市况影响，例如原油价格的变动、粮食价格变动、矿物资源价格变动等。

在我的一家客户企业里，曾有一位负责人因银价上涨引起库存金额增加而被上司斥责。这是一个很好理解的例子。不过说到底，银的采购单价并不是这位负责人能够控制的。

与此同时，上司还责备他为什么不在涨价之前大量采购。然而，这种临时性的对策只是赌博而已。或许通过预测银价上涨的趋势和今后的使用量，冒着风险提前采购是有必要的，但这种预测相当困难。出现这种问题，与其责备负责人，不如在企业层面进行判断。

市况引起的变动

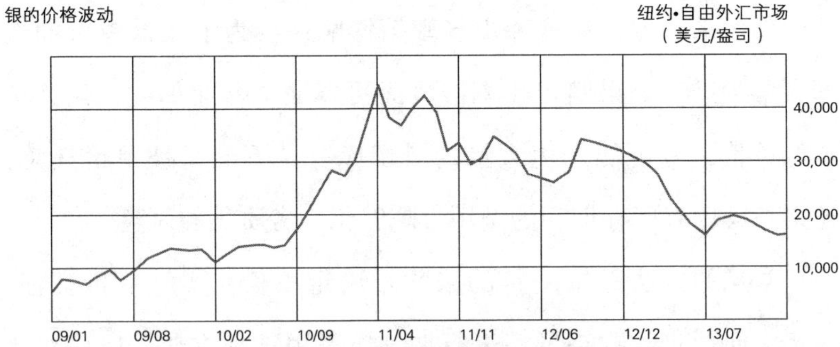

采购单价随市况变化

这种针对价格随市况变化的物品的风险对策，在没有确立引进库存控制方法的供应链管理之前很难实现。

化学业界另一家客户企业，把原油价格高涨导致的原材料上涨转嫁给了制品销售单价。化学产业或许是一个很容易把原料价格变动转移到单价的产业。

从外部采购的原材料价格，有的因市场状况变动，有的因供求关系变动。使用这些原材料时，制造原价在变化，制品的库存单价也在变化。

供货商的市场政策和最小发货单位

供货商的市场政策有时也会决定采购单价变化。一般来说就是价格随采购体量变化的市场政策。同一种物品，大量采购时价格低、少量采购时价格高。

作为采购方，受这种市场政策影响，会为了压低单价而选择大量买进。如果销售预测准确无可厚非，若非如此，仅为了压低单价，有可能产生大量的滞留库存。不能只被单价迷惑，还得考虑保有库存期间的费用、陈旧化、劣质化的风险。

常见的方法是按一年的采购量决定单价，实施单价交涉。一年中回顾实际购买量并进行调整。采用这种方法，应该对比最初的购买量和实际的购买量，不过度持有库存也可以运用。不过，这种活动会循环往复，需要一定的交涉能力。

另一方面，如果供应商交涉力较强，有可能强制实施“最小发货单位”。最小发货单位英语表达是 MOQ（Minimum Order Quantity）。供应商会发出“一次购买最低必须达到某数量”的照会。

MOQ 是使库存增大并滞留的根源。库存能够用罄的话自然没有问题，但如果使用期限内没有用完，库存就要报废，产生报废损失。

而且，在销售价格下跌迅速的高科技界，一方面销售价格下降，一方面原料价格却在上涨，导致成本增长。无论哪一种情况都会影响利润。

对采购数量少的企业来说，对付远远超过使用量的 MOQ 时就会产生问题。如果交涉力不足，这会是一个很棘手的问题。

和 MOQ 一样，还有“最小发货金额”的概念。英语中叫作 MOV（Minimum Order Value）或 MPV（Minimum Purchasing Value）。由于实行 MOV/MPV 时得把发货金额提高到一定数字，恐怕又要增加多余的库存。

最小发货单位和最小发货金额

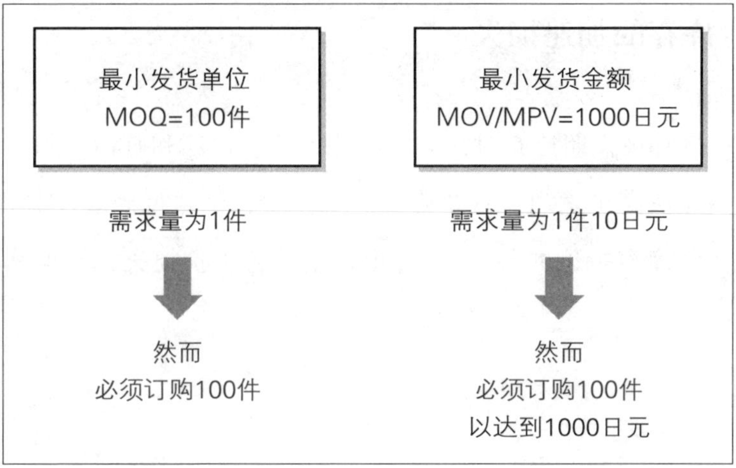

2.6 库存的加速损失与加速获益

会计上的评价和企业内的评价指标是增加库存的动机

库存的加速损失

库存被长期持有时，会发生陈旧化、损坏和脏污。陈旧化以后无法高价卖出，就要降低库存单价，使之反映真实情况。这叫“库存折价准备”，会计上产生库存折价损失，使得利益恶化。

库存会加速损失的发生

库存的变化		损失及费用
陈旧化 劣化、折旧 污损	⇨	计价额降低
衰减、减少 丢失	⇨	损耗
报废	⇨	报废损失 +报废费用

另一方面，如果损坏和脏污后实施报废，同样会产生报废损失、恶化利益。产生报废损失时，除了库存本身的资产价值消失造成的损失，还要负担废弃操作本身的费用，引起利润的双重损失。

持有库存本身花费的成本

库存只要存在就会引起各种经费的发生。让我们看看有哪些费用。

仓库租赁费、装卸费、保险费、仓库管理的人工费、仓库的水电光热费、仓库系统的使用费、仓库设备的折旧费、固定资产费、固定资产税、现金垫付期间的利息、库存转送的输配送费、抛售剩余库存时需要的市场（促销）费用等。

和之前库存造成的损失合计起来，如前文所述，可以想见，仅因为持有库存，就要发生库存金额的 10%—20% 的费用。假设全年平均存在 1 亿日元的库存，每年将产生 1000 万—2000 万日元的成本。

库存越少，附带的成本也越少，因此压缩库存是一项必不可少的改善活动。

库存加速获益

库存上还有一个注意点。这就是前面说的库存从会计上的计算体系产生，加速获益的问题。

进行库存计价时，采用库存的计价额=材料费+加工费+经费的计算公式。这个式子导致利润虚高。

会计是计算一定期限内损益（当期损益）的体系。通常，费用是把当期使用的费用记入利润表（P/L：Profit & Loss），从销售额里扣除，进行利润计算。

资产（现金、赊销金、库存等）和负债（赊购金和借款等）在当期末计入资产负债表（B/S：Balance Sheet），转结到下期。

库存会加速利润的发生

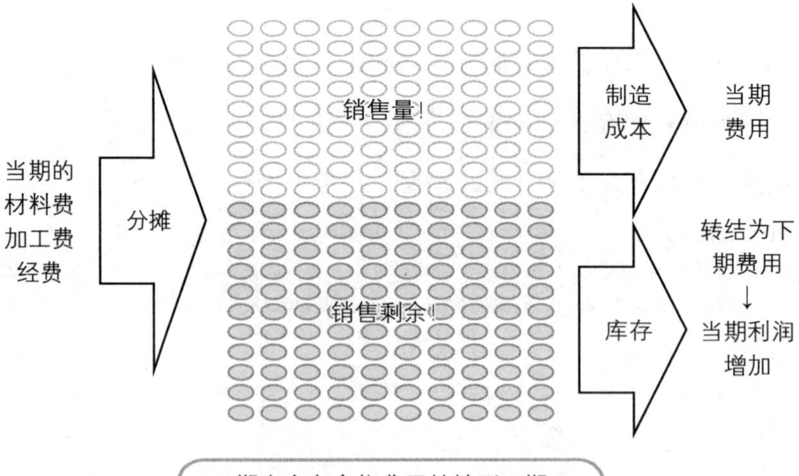

期末库存会将费用转结到下期

期末剩余的库存按“材料费+加工费+经费”计算，销售出去的话，应该计入利润的费用以计入库存的形式转结到下期。也就是说，费用摇身一变成为库存资产转结到下期。这样一来，今年的经费中，分摊到库存部分的“材料费+加工费+经费”，到下期之前不做费用化处理，而是按资产转结，当期的利润就会相应好转。

假如有大量库存剩余，大额的“材料费+加工费+经费”分摊到库存里转结到下期的话，本期的费用就会和计入库存的费用同等地减少，提高了当期利润，也可能成为增加库存的动机。

这种会计上的评价和企业内的评价指标都会成为增加库存的动机，需要注意。

2.7 把实物与账簿上的库存相结合

收支的重要性，销售收入的入账时间和采购物品的入账时间

库存会发生移动，因此要在账簿上记录移动

会计中，要把握实际的交易和物的移动，记在会计分类账上。

库存管理记录了库存的收付。比如购进的商品库存到货验收后，要在库存台账里记录接收，作为本企业库存在账簿里记账，再转记为会计分类账的商品账目。出货而成为销售收入的库存被从库存台账中提取出来，商品库存从库存台账中消失，在会计分类账的商品账目中被划出，记为销售成本。

用会计上的分录来表现的话，商品购入（接收）时记为：

（借方）商品/（贷方）赊购金

商品售出（支付）时记为：

（借方）销售成本/（贷方）商品

使用在制品进行制造时，虽然在制品在库存台账上是出库时支出，但制造完成检验合格的阶段，会计分类账中的在制品

会被划出。如果这项工序是制造的最终工序，在制品就会被加工成为制品库存。用会计分录来表现如下：

（借方）制品／（贷方）在制品

材料费

加工费

经费

如果有要报废的（制品）库存，就要做下面的分录：

（借方）报废损失／（贷方）制品

实物库存用库存台账管理，和会计上的分类账互相配合。

库存就是像这样移动的，登记的分录科目随之变化，因此必须明确地记录接收，会计分类账也要及时地更新。

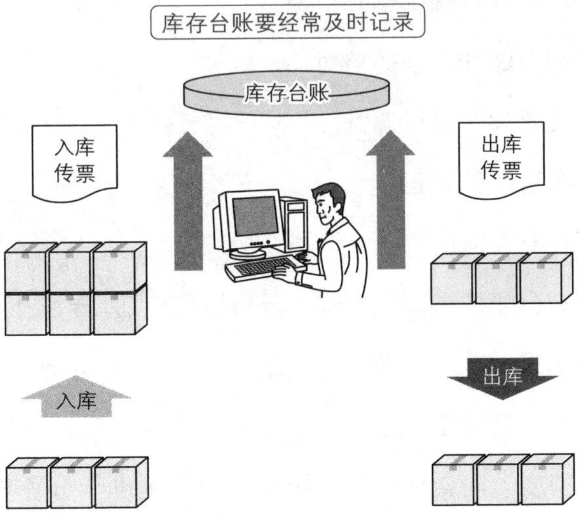

将实物与账簿上的库存相结合的盘点作业

实物库存的收支要在库存台账里记录。台账无论是一张纸还是一个系统，其理念都一脉相承。对于余额，将入库的库存和划出的库存加减掉，最后和余额相加。库存台账的收支相当于资产移动，因此也要转记到会计上的库存分类账上。

这样一来，产生了实物、库存台账、库存分类账 3 种库存的认识对象。“盘点作业” 是在期末等特定的时间点核对各项数值是否一致，若发现不一致则进行补正。

基本的有根据实物修正台账、修正会计分类账的作业。盘点作业的大致顺序为：

①特定库存台账的调查对象

②库存台账和实物的核对

③出现差异时进行调查

④库存台账的修正

⑤库存分类账的修正

实物和台账的差异叫作盘点差异。盘点差异发生的原因主要有台账记录的失误、漏记、迟记。实物与会计分类账的差异有转记失误、转记遗漏、转记延误等。提高实物管理和库存台账管理的精度、向会计分类账转记时的准确度十分重要。此外，为了避免延迟记录，也要在合适的时间向库存台账、库存分类账进行转记。

盘点作业很是劳心劳力。如果品目较少，一次就能完成，品目很多或库存量很大的话，很难在短时间内完成，因此也可以特定品目和仓库，按顺序进行盘点，这叫作“循环盘点”。

计算基准的差异也会导致盘点差异

“盘点差异”仓库有时可以独自处理，有时无法独自处理。仓库无法单独处理的情况下，要根据与合作对象处理上的出入进行调整。

例如，假设有一家企业以“出货基准”计算销售收入。库存出货、产生销售收入的同时，从本企业库存中划出。卖出去意味着库存所属向对方转移，不再是本企业库存。

但是，如果采购方以“到货”为准计算采购会发生什么呢？库存不再是出货企业的库存，但采购企业在库存到达仓库之前不将其计入采购，不认为这是本企业的库存。这样一来，就出现了不属于任何一方、飘浮在空中的库存。

在实际的商业交易中，库存到货后才是对方的库存，所以到货之前被认为是出货方（卖主）的库存。但是，库存上就会产生这种库存认识上的差异。

进行买卖交易的企业只要在极个别企业的场合知道会计方

针的出入即可，近来由于一出货就计算销售收入的做法在商业交易中多有不合理之处，国际会计基准（IFRS）提倡采用到货基准。

实施合并决算的集团企业之间的“销售收入计算基准”和“采购计算基准”的出入，会导致合并决算时发生盘点差异。至今仍有很多企业每次都在人为开展汇总库存的作业，致使决算迟迟无法完成。但通过统一集团企业之间的认识基准，尽早完成合并会计上的库存调整，缩短决算日程，可以短时间内处理完成。

出货基准和到货基准

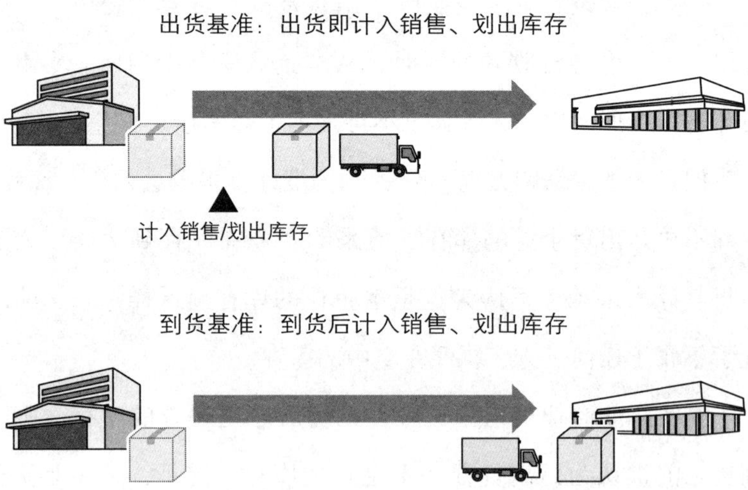

2.8 评价库存的会计指标

盘点资产金额、库销比、库存周转率等

评价库存的会计指标

评价企业整体的库存多寡时，有几项传统的会计指标。下面让我们看看这些指标。

①盘点资产金额

单纯地把握库存金额的增减，把握增加或减少的基调。把握库存金额比较简单，易于理解的一点是，库存与销售收入联动地发生增减。如果只把库存金额作为指标，它和对库存带来影响的销售收入之间的关系就会变得模糊，所以经常采用下面②③项的指标。

②库销比＝库存金额/销售金额（或销售成本）

用月末的库存金额除以当月的销售金额，由此可知与当月的销售额相比，持有几个月的库存。通过和销售收入增减的对比，能够判断库存的多寡。库销比越大库存越过剩，库销比越小越可能发生短缺。

但是，需要注意的一点是把销售收入作为什么样的基准会影响指标的计算结果，需要决定分母上的销售金额是当月的销售收入还是次月的销售收入，或者是 3 个月的平均值、去年的平均值还是当期平均值等。

例如，当每个月的销售收入变动很大时，用月份单位的销售收入除的话，库销比就会大幅波动，此时不适合作为指标。相反，根据变动以月为单位灵活地做好事先准备的话，有时用次月的销售收入除以月末库存更加贴切。企业要定义适合本企业的库销比计算指标。

指标的计算除了把销售收入作为盘点月数的分母，还有用“销售成本”进行计算的方法。

销售收入里包含了利润，所以分母的销售收入变大，有可能显得库存较少，因此有时会选择用没有加上利润的销售成本来除的方法。如果想准确地判断库存的多寡，把销售成本作为除数更加可取。

想区分制品和商品的场合，本企业制品用制造成本来除，采购商品用商品销售成本来除。此外，想以周为单位进行表现时，还可以用周末库存除以销售收入得出一周的库销比。

③库存周转率=销售金额（或销售成本）/库存金额

库存周转率是库存月数的倒数。盘点月数是把相对于销售收入（成本）持有多少个月的库存指标化，而库存周转率是指要达成年度销售收入（成本）需要周转多少次库存的评价指标。周转数越多，库存周转越迅速，意味着产品卖得越快。

④对销售收入库存报废金额

尽管企业都想避免库存报废，报废无论如何还是会发生。想严格地监视报废时，可以使用“对销售收入库存报废金额”作为指标。

相对于销售收入，报废金额越少，越少产生无用库存。

⑤库存利息=库存金额×利率

库存是现金的变体，因此从有库存意味着这期间借贷了现金的观念看来，库存金额乘以利率就是企业负担的利息，这个指标就是库存利息。

利率可以采用企业内部决定的企业内利率或者市场利率。近年为了追求更高的准确度，有时还会采用 WACC（Weighted Average Cost of Capital：加权平均资本成本）。

库存相关的其他会计指标

①现金循环周期=盘点月数+赊销债权月数−赊购债务月数

库存是现金的另一种形式，赊销债权是库存成为现金之前的权力，是库存成为现金之前等同于企业在垫付的金额。相反，赊购债务是提前进行了采购而推迟支付，因而由供货商先行垫付的现金。

通过“盘点月数+赊销债权月数-赊购债务月数”的计算，可以得到企业垫付了多少现金。现金循环周期越长，资金周转越严峻；现金循环周期短则说明资金周转迅速，资金操作容易。

最极端的就是现金买卖。现金买卖中，购进的物品如果立刻卖出、收回现金，库存不发生滞留，既不产生赊销债权，也不产生赊购债务，现金得以高速回转。

现金循环周期的英语缩写是 CCC（Cash Conversion Cycle）。

CCC的计算式

现金循环周期（CCC：Cash Conversion Cycle）

= 盘点月数 + 赊销债权月数 − 赊购债务月数

= 盘点金额 / 销售收入 + 赊销债权 / 销售收入 − 赊购债务 / 销售收入

②总资产利益率（ROA：Return on Assets：利润/总资产）

总资产中包括盘点资产。库存的增减同时是 ROA 的增减。库存增加贡献 ROA 的增加。

③现金流

现金流的计算也一样，库存的增减就是现金流的增减。库存减少有助于现金流的增加。

专栏

回收品、循环品是什么

有些工厂把“回收品”“循环品”一类的物品计入库存。回收品包括工厂内部回收的物品、从顾客那里回收的物品以及从市场那里回收的物品等。

工厂内部回收的物品有触媒和溶剂等。有些物品不是一次性使用，而是能够回收并多次使用。这叫“回收母液”或“回收溶剂”。回收母液和回收溶剂不是新采购的物品，因此必须重新设定库存单价。

从顾客和市场那里回收的物品里有一些是可以循环利用的，这些叫作“循环零件”和“循环原料”。从机械设备上回收的零部件有些只要拆卸下来就能使用，这样的物品循环成本也比较低，作为循环零件，单价可以设定得很低。

此外，至于原料，有一些反而是循环利用的原料价格甚至更高。

是使用新品库存还是循环库存，生产相同制品的成本也不相同，管理更加复杂。管理上是按标准的成本管理、把握实际成本的差异，还是从一开始就按实际的成本管理、制品本身也认定为另一个型号，这一点要决定好。

严格地实施使用回收品、循环品时的库存管理非常困难。

第 3 章

库存的基本知识②
作为流通业中的
“物品”的库存

3.1 流通库存是周转的关键

由于利润幅度小，要反复对出售和采购进行循环

流通业库存的特征

流通业是连接生产者和顾客的纽带，并不自己生产。

流通业包括量贩店、便利店、小卖部、批发店、经销商等。

流通业经营的商品多种多样。从日配商品等消费期限较短的商品到被褥等长期被使用的物品，乃至汽车、船只等体型庞大的、无法移动的物品。

流通业有时也负责“流通加工”。流通加工是指对已购入的商品进行加工，使之更加便于出售或搬运。例如采购一条金枪鱼并切成刺身，或是把饮料包装成3瓶装、5瓶装等。

利润幅度小、重视库存周转的流通业

流通业的附加价值在于向消费者输送物品。某种意义上，为了给让物品流动的行为赋予商业意义，无法获得很高的利润。

总之，流通业要求循环地销售和采购库存，重视周转的同时不断获得销售收入和利润。由于利润幅度很小，不能过度积压库存。极端的情况下，甚至有许多不持有库存，开展类似中介工作的流通业。

流通业的特征是想尽可能地减少库存。例如，便利店是在持有少量多品种库存、通过多频度反复补充使库存最小化的同时，尽量避免滞销的一种商业模式，可以说是流通业的一种理想形态。

流通业的形态

批发商 · 商社	进货、销售 核对账目（备货后统一销售） 信用代替（代替无法从大企业购买产品的企业）
量贩店	进货销售 通过大量购进压低卖价 超市、便利店、家电量贩店等
专卖店	特定商品的进货销售 包括专卖柜台、经销商

消费期限有时候很重要

同样，像超市和副食品店这样经营不耐放的商品的零售业也是流通业的一种。牛奶和面包等每天配货的物品叫作日配商品。

由于消费期限短，会出现剩货和立刻报废，快到打烊时就算廉价出售也要尽可能地把库存卖光。

比如经常在超市看到的“打折促销”。因为扔掉也是浪费，不如廉价出售。消费期限是一个关键词，超过消费期限的商品消费者不会购买，因此实施库存管理时要注意消费期限。

流通业原本是根据销售预测进货的，但这本身很难做到，而且无法避免报废的发生。所以要准确地进行需求预测，或者按照需求预测把库存卖完。

重视商品品种和品类管理

大规模的流通业则以商品品种吸引顾客。“去那家店什么都有”，对消费者来说是巨大的魅力。

反过来，如果货架空空如也、商品稀稀落落，会给顾客留下不好的印象。比起货品贫乏的卖场，消费者更愿意在商品琳琅满目的卖场买东西。因此，又要为了把货架塞得满满当当而进货，废弃往往难以避免。

以前，我在帮助一家服装企业改革时，在试图对过剩的店面库存进行合理化时遭到了店铺员工的反对。虽然店铺处于报废库存庞大、资金操作困难的状态，但减少店铺库存会给销售收入带来影响，因此上架时已经做好了废弃的心理准备。甩卖促销成常态也就情有可原了。

此外，“品类管理”作为摆满店铺货架的方法渐渐得到了普及。“品类管理”是指以摆放在货架上的商品为范畴进行管理，为在该范围内促进销售的备货方法，根据销售优先顺序决定货架位置等，由此归纳出的方法。

品类管理研究的是如何把店铺的货架陈列得更美观，激发消费者的购买欲，诱导消费者同时购买或追加购买。不允许货架缺货等现象，重视商品的连续补充。

利润幅度大的流通业

同样也存在利润幅度较大的流通业。主要为专卖店，包括珠宝店、手表店和高级服装等。

这些店铺出售的商品具有价格（附加价值）高，利润幅度大的特征。由于利润幅度较大，即使有少量库存滞留，只要卖出去就能获得较高的利润，资金操作比利润幅度小的流通业轻松得多。

然而，近来高价商品也销路不畅，量贩店也开始加入这个行列，竞争越来越激烈。

3.2 流通业的“物”的流动上有哪些库存

门店、门店库存、中转仓库、中心仓库、VMI 仓库

流通业库存按保存地点分类

让我们按照“放置的场所（位置）”对流通业库存进行分类。

首先有消费者直接接触的“门店”。门店有货架陈列、平铺陈列、壁挂、悬挂、盒装陈列、冷柜陈列等形形色色的陈列方法。

门店库存有时采用目视的数量管理，有时利用条形码等系统进行数量管理。无论哪一种形式，库存数量少就要补充，旧的商品、陈旧化的物品要从门店撤离，门店要经常保持新鲜状态。

接下来还有为了在最短时间内补充门店库存而设置的保管场所“门店库存”。门店库存的定位是向门店补充库存的暂时存放地点，管理上有时会出现疏漏。

有时候要给门店补充库存，有时候还要作为缓冲给门店仓

库补充库存,“中转仓库”就是向门店、门店仓库双方补充库存的仓库。中转仓库和门店不在同一建筑物里时作为独立仓库被运用，通常被设置在门店的近邻。

向中转仓库补充库存的任务由“中心仓库”承担。中心仓库有时是零售业者所有，有时属于批发商或制造商。属于零售业就是“VMI 仓库”，这种情况现在越来越多了。

“VMI 仓库”的 VMI 是英语“Vendor Managed Inventory”的首字母缩写，仓库本身不是厂商或批发商所有，但保管的库存是厂商和批发商的所有物。

从仓库出库后，到门店或门店库存接收之前，不向零售业移交，库存管理必须由厂商或批发商实施，不得不支付仓库的

根据场所进行的分类

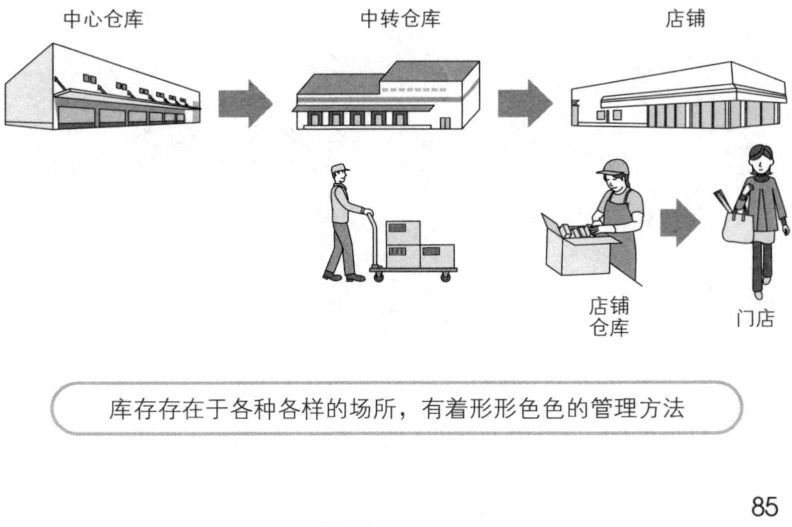

库存存在于各种各样的场所，有着形形色色的管理方法

使用费和库存管理委托费。如果是便利店之类的业者，有时候连中转仓库都当作 VMI 仓库运用。

在一些大型流通业里，有的企业把仓库原原本本地当作店铺运用。这是将商品平铺陈列在仓库型店铺，顾客推着手推车挑选好商品以后送往收银台的形态。大型折扣店等采用这种形态，但库存管理比较粗糙。商家也有意通过细致管理以削减发生的成本。

有关零售业库存管理的特征与课题，以及新的改善措施等，接下来会按照不同的保存地点分别详述。

3.3 门店库存应当进行单品管理

用 SKU 单位能够识别出畅销品和滞销品

POS、条形码的登场使得单品管理成为可能

随着便利店的出现，如今门店和门店仓库等店铺库存，实施“单品管理”变得理所当然。而且，库存的数量和保管场所被登录在系统中，处于立刻能够检索的状态。书店的书籍检索系统正是一个典型的例子。

这一切之所以成为可能，全部要归功于销售点情报管理系统（POS 系统）。POS 系统的“POS”是英语“Point of Sale”的首字母缩写，是指在销售时间点上进行销售收入管理的系统。

POS 系统诞生之前，要想掌握何时卖出去几件哪种商品十分困难，通过在商品上贴条形码、在收银台读取条形码，单品层面的销售管理成为可能。

由于商品贴有条形码，商品库存也能够进行单品管理了。作为单品库存进行管理的单位叫作库存量管理（SKU）。SKU 是英语“Stock Keeping Unit”的首字母缩写，流通业中的 SKU 指

的是作为库存进行管理的单位，销售也以该单位实施管理。单品库存和SKU管理具有相同的含义。

销售和库存都以SKU单位来把握，使得细致入微的管理成为可能。

订货情况

通过以SKU为单位追踪销售实绩，店铺的订货也实现了合理化。以往是订货负责人根据其直觉和经验订货，由于POS系统的建立，能够由SKU单位识别出畅销品和滞销品，为订货融入了科学的视点。

得益于POS系统的存在，店铺能够随时查看销售收入，实施商品库存管理，订货频次变高。

多频度接收库存的合理化

订货频次变高的话，接收库存的频次也变高。在店铺里每天多次接收库存相当不易，因此收货在门店仓库进行，门店从门店仓库补充库存，职责分担十分明确，库存接收实现了合理化。

在一些大型流通业，为了避免门店内多名送货员和门店作业人员为了补充库存进进出出，有些企业统一了门店补充的物流体制，制定了“库内搬运工”制度。

“库内搬运工”承包了仓库内所有货物的搬运，缩短了门店的销售员和其他员工花费在搬运上的时间，而把时间花在促进销售上，具有提高门店内物流水平的作用。订货后搬运工把货物运来，把包装材料带回去，也可以减少一些在销售以外所花的时间。

作为收货的合理性，“将多名送货员的货物按照门店卖场分类整理，再统一收货”的方法也开始渐渐被采用。收货在一个地方进行，再按每个门店区分，“库内搬运工”在搬运的同时使卖场物流整流化，高效的店铺库存管理成为可能。

此外，更进一步，向门店上货时不在收货地点或店内整理货物，而是在位于外部的中心仓库进行，使得库存管理更加合理。这就是“和物流一体化的库存管理”。

3.4 和物流一体化的库存管理

仓储中心发货、转运中心和直接转运

仓储中心发货的流程

收到门店的收货合理化要求后，先将向门店交货的商品由“仓储中心”接收，把不同收货方的商品分拣好，这种交货形态已经广泛普及。这就是“仓库中心交货”。

对门店来说，交货方越多，货物的接收越频繁、越繁杂，为了留出相应的时间，卖场贩卖的时间就要减少，因为门店的库存管理日渐疏忽，所以仓储中心等统一交货的形式对推动库存管理的合理化有着巨大的作用。

为了实现仓储中心交货，首先要建设仓库中心、让库存管理标准化，构筑能够应店铺要求迅速分拣订购的商品、向每家门店交货的机制。

仓储中心内部，自然也要实施 SKU 单位的管理。有些商品需要温度管理，有些商品需要鲜度管理，因此，仓储中心也需要高度的库存管理水平。

仓储中心可能属于流通业者所有，仓库设备本身也有可能属于仓库业者和物流业者所有，无论是哪一种情况，为了对呈竞争关系的厂商和批发商的商品都能统一管理，仓储中心应由中立的业者所有和管理。

仓储中心交货的优点不仅在于合理性的库存管理和交货，减少卡车运输次数，也是一种环境友好型的交货方式。如果不同送货者的卡车抢着交货，既会造成交通堵塞，又会对环境造成恶劣影响。通过仓储中心化的方式集约交货、减少卡车运输次数，可以避免送货对环境产生不良影响。

VMI 仓库的特征

仓储中心是 VMI 仓库。如前所述，VMI 仓库保管的商品库存是厂商或批发商的资产。为了让零售业者减少进货风险，最大限度地推迟进货时间，VMI 对资金操作也起到良好的作用。交易量较大的零售业者会感受到送货中心化的魅力。

相反，厂商和批发业者会面对库存的折旧风险、滞留风险，这还有可能成为资金负担，因此除了交易量很大的交货方外，一般企业都对加入仓储中心敬而远之。

此外，仓储中心向客户收取仓储费用。仓储费就像关卡费一样，是根据从仓储中心向门店送货的销售收入，以一定的费率收取的。

转运中心和直接转运

VMI 仓库是临时的库存保管场地，对削减库存没有帮助。

在物流阶段尽量减少库存的动向，人们想出了“转运中心”和“直接转运”两种方法来减少在途库存。

转运中心是仓库的一种形态，是不伴随保管的仓库。转运中心是将从各地汇集起来的货物，根据不同地域或收货方重新分类、进行配送的据点。

转运中心的特征

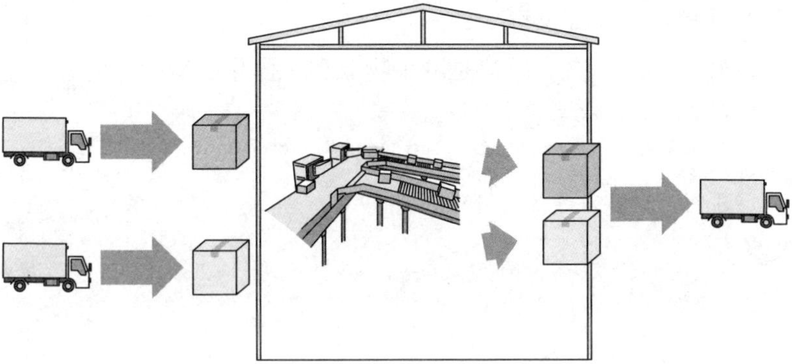

- 不发生滞留，迅速出货
- 严格按时间转运
- 仓库无库存

途经一次的仓储中心，这种仓库被称为转运中心，也就是过境库存，通过重新包装等极端方法来减少库存滞留的仓库。

在这种仓库进行的就是交叉转运。简单地说，就是按照不同地域或不同收货方进行分类，结合出货时间点进行重装。转运中心表示“场所”，交叉转运指的是“重装作业”。

交叉转运的优点在于能够减少库存滞留的时间。不过，即使采用交叉转运，重装时间点上收货地或交货地的货物必须全部备齐，因此相应地要求高度物流品质。

如果做不到交叉转运，可能会出现同包装的货物没有被配送，库存在仓库里连续滞留数日的情况。

另一方面，当需要混装出货，无法进行交叉转运时，同包装的货物全部备齐之前就要留在仓库，有可能引起装运库存的长期滞留。

转运中心、交叉转运是减少物流和一体化装运库存的方法。

第4章

库存的基本知识③
作为制造业的“物”的库存

4.1 制造业的“物”的流动上有哪些库存

以组装加工为中心的制造业和流程型制造业的不同

生产制品之前存在的各种库存

制造业的库存范围很大。成为制品之前要经过制造工序，所以工序各处都存在库存。根据生产材料的特性、场所和形态，库存各有特征，甚至有时候各自的管理形态也不相同。

下面分别来看一下什么样的制造业、什么样的地方有什么样的库存。

以组装加工为中心的制造业库存

组装加工业生产的都是人们比较熟悉的产品。比如电视机、冰箱等家电产品，汽车、船舶、桌椅等，大多数都是我们身边经常看到的东西。

因为是组装加工，制品和部件都能逐个数清。例如，生产一辆车需要4个轮胎、1个方向盘。进行库存管理时都能够按个数管理。

在组装加工业，库存包括制品、在制品、零部件和其他物料。

制品或者保存在营业部门的制品仓库，或者由工厂管理。有时营业仓库和工厂仓库都有，分多级保管。作为库存据点的仓库层级越多，库存相对越多。

在制品是工厂内正在组装或加工的库存。一部分在机械装置上进行加工，一部分在在制品仓库里保管。

零部件位于零部件仓库。其他物料，指的是如盒子、容器、包装材料等次要物料，分别在各处保管、管理。

以装配加工为中心的制造业

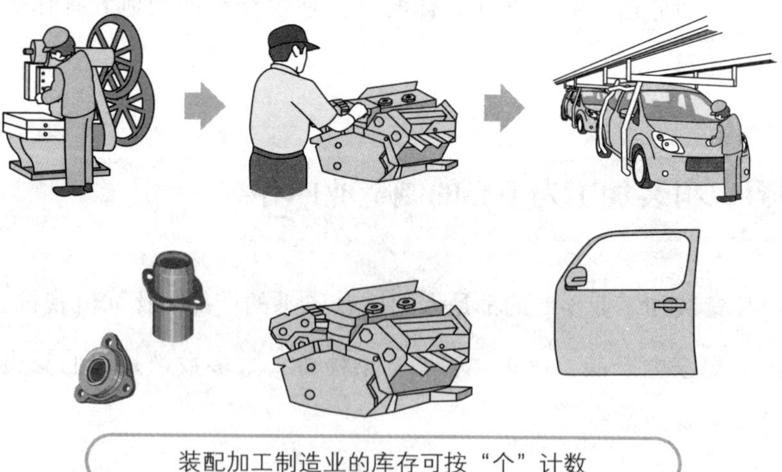

装配加工制造业的库存可按“个”计数

流程型制造业的库存

流程型制造业指的是化学药品制造与制药等工序中会出现反应装置或反应槽的产业。

这些行业的库存一般不用个数，而是用升、吨和米等计量单位计数，例如香料××吨或腐蚀性碱××吨等。

成品则视情形可以以“个”计数，比如充填成品的容器1个、锭块（钢块）化的成品1块、卷状的某制品1卷等。

流程型企业库存与众不同的一点是，不仅要根据特性管理数量或重量，还必须进行成分管理。

流程制造生产的产品里有一些是溶于溶剂或水的，因此出现了一个问题，那就要看用于制造的有效成分到底有多少。这个数值叫作“滴定度”。

例如，假设有1吨含有效成分70%的产品，那么有效的库存成分就是0.7吨。管理上，要对有效成分、数量、重量进行管理，在投入制造工序时，必须对这二者进行检查后再投入生产所需的量。

流程型制造企业中的库存有制品、在制品和原料。

在制品有时也被叫作中间产物或中间生成物，这里统一称其为在制品。在制品的形状可以是液体、粉末、颗粒、乳状、固体、气体，可以说五花八门。

制品位于制品仓库，管理组织和组装加工制造业形态相同。和在制品一样，存在的地点多种多样，但在反应设备里，可以是在装桶或装入聚乙烯容器的工序，也可能在仓库里。

原料则在原料仓库保管。

流程型制造业

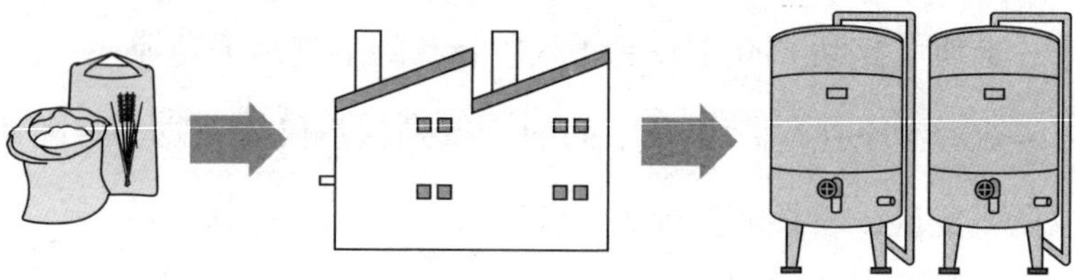

流程型制造业的库存可以用“升”“吨”“米”为单位来计数

前面我们从供应链的下游向上游回溯，按照制品、在制品、零部件、原材料的顺序进行了介绍，下面让我们反过来从上游开始来看看管理特性。

4.2 原材料库存和零部件库存

期限管理、单价变动、采购制约很重要

原材料库存的期限管理有时很重要

原材料的库存管理中，期限管理是一个重要事项。一些情况下，购进或制造的原材料，都有一个能够用于制造的期限。性质不稳定的物品使用期限较短。而且，如果是食品和药品的原料，变质的话就会产生大问题，所以要决定使用期限并进行保管。

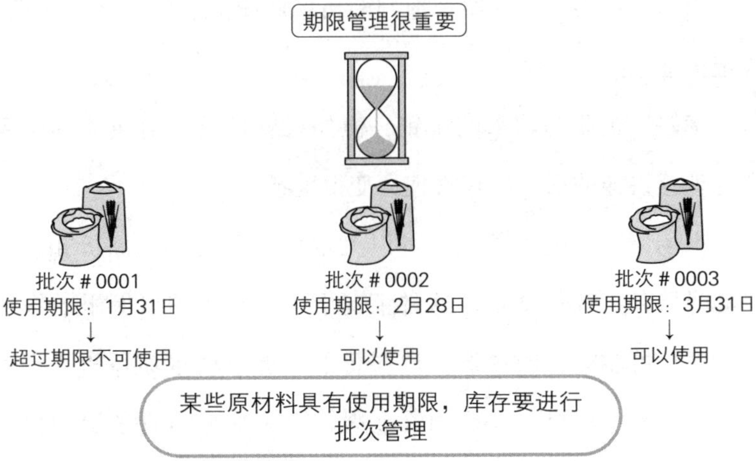

这些原材料的库存管理中，会产生期限管理这个新事项。此外，为了从旧的物品开始使用，要采用先入先出的原则。因此，必须严格管理原料的制造日期和购进日期。

期限管理按照“采购单位”或“批量单位”进行。按批量管理的场合，库存管理也要按批量进行。

原材料库存的单价变动有时很关键

原材料中，有一些价格随市场情况剧烈变动的物品。银、铁、稀土、石油等根据市场情况，采购单价变化很大，判断采购的时机和数量非常困难。

我的企业客户曾经也遇到过这类例子。管理层对价格飞涨的银的库存抱怨“库存金额越来越大了”，但这不是负责人的责任，而是管理层应该在缜密地判断市场状况后，综合考虑风险，决定提前采购。

幸好该企业提前采购了银，但如果管理层只对企业内的系数管理感兴趣的话，库存管理会变得敏感。

市场情况影响大的话，可以大量购进，利用总额折扣，尽可能降低存货计价金额。这种情况下，像刚才的事例里的银一样，库存可能会暂时膨胀。原料订购不能单纯依靠负责人，有时候应该成为对财务评价和资金周转影响最大的管理层的决策事项。

这种原料单价的变动有时也能用来交涉关于制品单价的抬升。相对地，当供给侧企业数量有限、供应商由于体量巨大而交涉力超强的情况下，可以改变策略，转向和购买方交涉提价。

这种场面下没有交涉力的企业不得不自行承担上升的成本，从而对利润造成很大影响。因为单价的变动会有很大影响。

原材料库存的采购制约有时很重要

一些原材料的采购受到制约，探讨库存管理和采购数量十分不易，比如农产品这种收获的机会有限制，被天候等条件左右的物品就属于此类。

天然成分原料受天候影响，会产生收成多寡、品质优劣的差异，因此采购难度很高，买不到时全世界都会掀起争夺战，或者彻底陷入短缺。

为了避免原料争夺，企业有时会以大量和高价预约以确保原料，或者在收成良好、全世界都有余量、价格低廉的年头，自己还要高价购买。考虑到争夺的风险，这一点很难做判断。

除了这些天然物品，原材料生产商遭遇事故等也有可能制约采购。市场份额高的生产商发生事故，屡屡造成全世界范围内的原材料争夺战。

作为对策，有的企业试图指定多个供应商以保证采购（参考第297页）。但是，考虑到特殊的技术和质量标准，有时候很难找到第二供应商，或者扶植不起来，这又是一个非常大的问题。

原材料库存具有采购制约

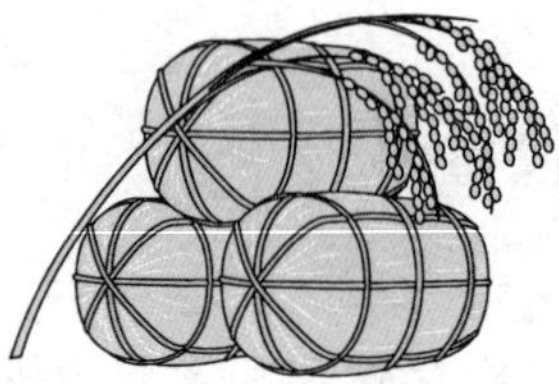

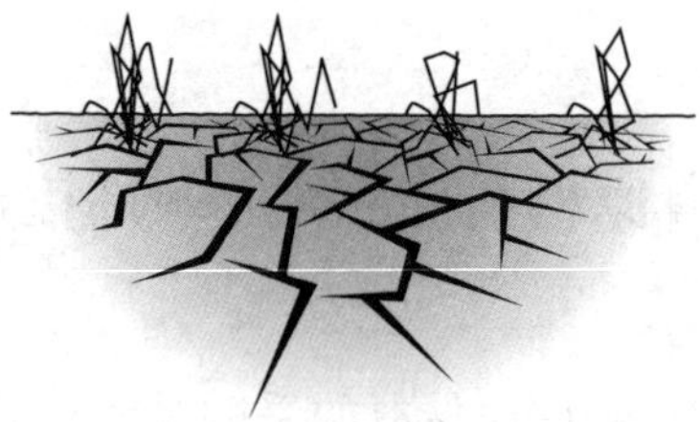

大丰收
↓
价格低廉、容易确保库存

旱灾、歉收
↓
难以确保库存

一部分原材料因为气候影响，采购受到制约，
管理困难

4.3 在制库存的把握取决于相关规定

严谨制订管理规则

制订在制品管理规则

在制品是处于原材料和制品的中间状态的库存。工序中有制造作业，在制品有可能在工序间保管、有可能位于某个工序，不同情况下的存在场所不同。

如果要严密地进行成本计算，就要定义计入成本的工序，就要在该工序的附加价值的部分加入在制成本来管理。每一项上计入了成本的工序之后都有在制品库存。

成本管理不严谨的场合，原材料和制品之间的物品全部当作在制品处理，实物管理可能会很混乱。这样一来，在制品的收支会敷衍了事，但无视工序进度、通过概算将成本计入在制品来进行把握也是可行的。

很多像这样管理不够严密的企业在试图扩大企业规模、按工序管理时会大吃苦头。

关于在制品管理，必须严格地制订规则，现场的作业也要统筹，否则工厂的库存管理无论何时都会像是一场闹剧。

在制品库存的定义和实物的收支，以及在台账上的及时反映，计入成本的工序的识别、工序完成后立即入库、结合实物及时收付并计算成本都很重要。

使库存管理变烦琐的熟成阶段

在制品有时还会发生特殊的管理。比如某些情况下，制造完成后，制品的品质达到稳定为止需要一定时间，这个阶段叫作“熟成”。熟成阶段很重要，急于生产、缩短熟成时间的话，有可能导致品质不稳定，最后不得不废弃重来。所以必须严格遵守熟成条件。

熟成的示例

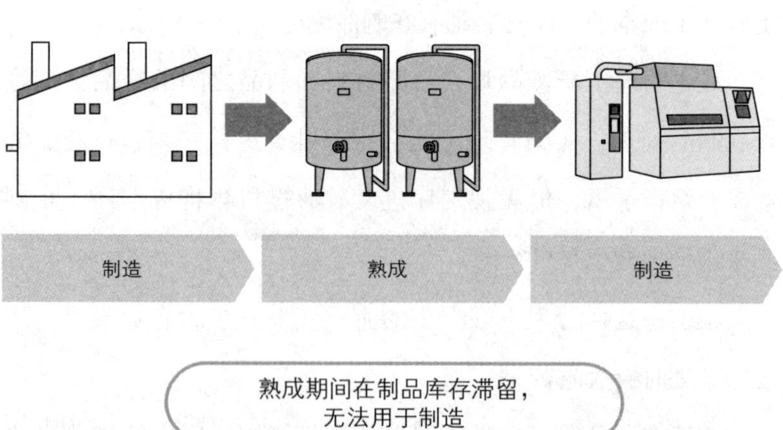

熟成中的制品虽然制造完成但无法使用，因此如果不预估熟成时间、生产额外的库存，后工序就无法投入生产，这是导致在制品库存增加的原因。

精确地进行称量很重要

工序中到底有多少在制品，被在制品离开工序时进行的计量作业的精度左右。这种计量作业叫作“称量”。以往的称量依赖于作业者的熟练度，而近来企业已经开始引进高精度的称量仪器。

4.4 在制品的中间品、半制品、中间制品是同一个概念吗

组件化的零部件、单元化的零部件

中间品、半制品、中间制品分别是什么

制造业中，业务上有被称为“中间品”“半制品”“中间制品”的库存。这些物品都是会计上的在制品，只是以业务上的习惯，按照成为制品之前的状态而有不同的称呼。

由于是在制品，和制品有所区别，有时候也会以“在制品”的称呼直接销售，这时在会计上是转化为制品销售。也许是会计知识有限的实际业务负责人觉得这还不是制品，但一半已经是制品了所以称其“半制品”，或者因为处于制品的中间而命名为“中间制品”等。

会计上是在制品，将其划拨为制品时才成为制品，读者记住这一点即可。

组件化、单元化

分类成中间品的物品中有“组件化的零部件”“单元化的零

部件"。两者具有相同的含义，是指一定程度组装起来的中间部件。我想近来"单元品"这个说法更为普遍。后面我们统一称之为单元品。

单元品成品化之前以部件的状态在库，具有缩短制造出成品的前置时间的优点。

此外，不马上成品化而以单元品的形态在库，接到订单后再进行装配生产，这样可以避免库存的附加价值过高，有助于降低库存金额。

但是，单元品的库存计划、生产计划的拟定方法多种多样，在业务设计上需要下一番苦功。按订单装配我们会在第 6 章的分离点一节详细叙述。

组合零部件（Knock-down Kit）是什么

零部件中有一些被称作"组合零部件"。组合零部件是指在最终工序组装前一步的零部件。用一套组合零部件可以装配一件成品。这种生产方式叫作散件组装生产。散件组装零部件指的是用于散件组装生产的零部件。

散件组装生产诞生的背景下有下面这些例子。

首先，一些企业由于工厂的生产技术水平低下，只能开展备齐所有零部件之后再进行的组装作业。零部件加工和零部件装配需要相应的生产技术和统筹能力，不具备这些条件的工厂采取散件组装生产。

迄今为止，主要是海外市场工厂开展散件组装生产，从日本输送散件组合零部件。近来，海外工厂的技术水平也日渐提高，本地化采购成为可能，从一开始就不追求散件组装工厂，而是建设零部件制造工厂的情况越来越普遍。

另外一种情况是，一些国家或地区虽然是巨大的消费地，但因为当地的税收政策问题，成品进口要征收大量关税。这是针对一部分认为产品进口不在本国产生雇佣，国家财富流出的国家实行的方法。

只要或多或少地投入制造作业，就不是“产品进口”而是“零部件进口”，关税会大幅减少，不会成为当局的管制对象，因而一些企业选择在当地建设散件组装工厂，从日本输送零部件。

散件组装生产的零部件的库存管理和一般的零部件管理没有区别。不过，散件组装生产的零部件有时是按生产一件成品所需的一套库存进行管理。由于是按生产一件成品所需的一套来管理，所以被叫作“kit 化库存”或“set 化库存”。这种情况下，“kit 化库存”和“set 化库存”里只要缺少一部分就无法组装成一件成品，因此也会一整套统一管理。

4.5 MRP和制造顺序管理

需求量计算有两种方法

制造业生产管理的两大方式和库存

制造业包含许多制造的工序，原材料和零部件也多种多样。例如，装配一台汽车需要数万个零部件。

企业要管理如此多的零部件库存，还要在制造的时间点一个不少地准备好。但是，由于无法持有庞大的库存，必须实施细致的生产管理和库存管理。

制造业要管理从制品到零部件的构成信息，生产制品时要具备能够计算所需零部件库存的机制。从制品到零部件所需数量的计算叫作“需求量计算”或“需求量展开”。需求量计算有“MRP方式”和“批次管理”。

MRP方式的需求量计算

带有制品需求条件的必要物料叫作独立需求物料，生产制品所必需的零部件和原材料叫作相关需求物料。

独立需求物料的例子有电视机、汽车等可以出货的品目。在出厂电子线路板等零部件的工厂，主板就是独立需求物料；在出厂制造钢板等原材料的工厂，钢板就是独立需求物料。

相关需求物料指零部件和原材料。例如，用来生产汽车引擎、座椅、方向盘等各种零部件。在生产电子线路板的工厂里，主板和半导体等就是相关需求物料。在用生铁制造钢材的工厂，铁矿石和炭等就是相关需求物料。“物料需求计划”是按照生产计划，开展计算所需独立需求物料的数量，构成产成品的零部件和原材料等相关需求物料数量的计划。比如成品是一辆汽车的话，可以计算出需要 1 台发动机、4 张座椅和 1 个方向盘。

MRP

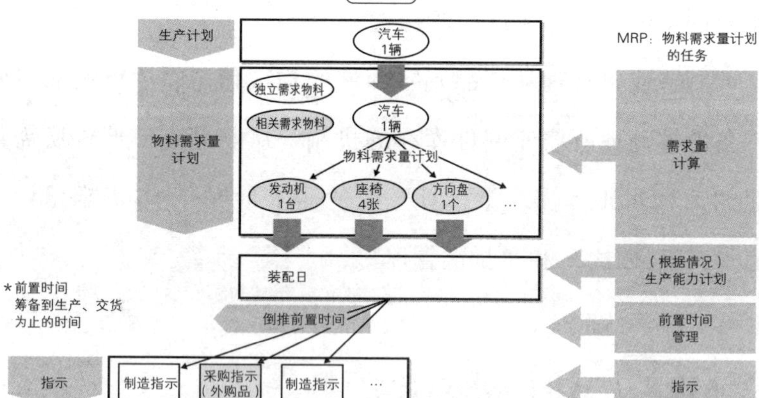

MRP计算零部件和原料库存的必要量（需求量）

开展这种计划的系统之一就是物料需求计划 MRP（Material Requirement Planning）。利用 MRP 算出的零部件和原材料所需量称为“需求量”，需求量不足会影响出货和生产指示。由 MRP 系统管理的零部件和原材料库存，是与各制造指示没有关联的自由库存。由于取用自由，拟订生产计划的时候，在预定的时间点可以自由使用。MRP 在欧美较为发达，已经实现了系统化。

通过批次管理开展库存管理

另一方面，采用批次管理的方法管理库存的话，各项库存的管理与生产计划息息相关。计划中分派了生产批次，被指定了生产批次的零部件和原材料不能用于其他批次的生产计划，这叫作“啄序”。日本的制造业大多数都是由生产批次管理承担核心作用。

在 MRP 系统中，由于零部件和原材料是自由库存，计划调整时可以自由暂时顶用。另一方面，在生产批次管理中，库存是按照生产批次锁定的，无法调整用于完成别的计划。从库存管理上来说，MRP 更加灵活，但交期管理等方面，生产批次管理优越性更强，二者各有长处。

4.6 位于其他企业的本企业库存、位于本企业的其他企业库存

寄存库存和保管库存

库存的物理性所属和资产性所属有时候不一样

库存的物理性所属和资产性所属可以分离，库存管理有时会因此变得更加复杂。简单来说，有“寄存库存”和“保管库存”。

寄存库存和保管库存互为表里，对寄存的一方来说是寄存库存，对保管的一方来说是保管库存。与物理上的存在场所无关，库存在所有权转移之前都是卖方的库存，所以会产生这种状态。寄存库存也叫作“预存库存”。

代表性的例子有委托销售的库存。把库存放在卖场进行委托销售。位于卖场的库存是委托一方的寄存库存，在卖场一方看来是保管库存。库存的所有者是进行委托的一方，卖出去以后才视为卖场进货并销售。

在本书中多次出现的供应商管理库存是一个代表性例子。仓储中心和采购方制造企业只是代为保管库存，直到销售或使

用时才发生采购、所有权转移。

库存管理的责任在于寄存的一方。为了不发生库存短缺，寄存方必须对不在本企业地盘上的库存进行数量管理和期限管理。对代为保管的采购方来说，可以将采购量限制到最小，且不存在库存风险。

向制造委托方无偿供给的原材料和零部件

制造业中，经常见到只对某项工序进行委托制造的"制造外包"。

VMI的特征

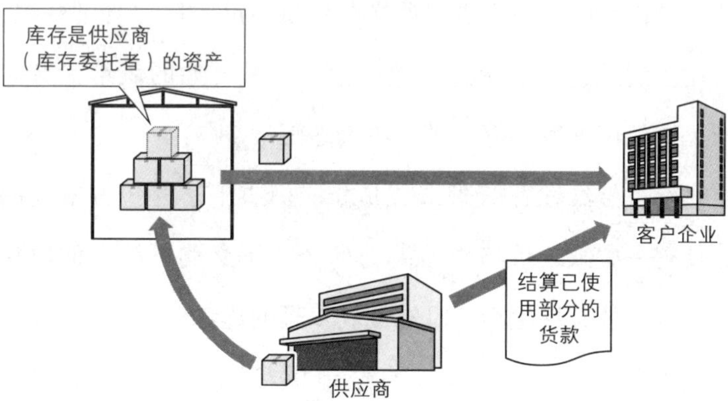

VMI是库存为供应商所有、仅结算已使用部分的货款的方法

外包制造所必需的原材料和零部件，既有由接受委托的制造企业采购的情形，也有由发包方的制造企业无偿供给这些原材料、零部件的情形。后者叫作“无偿供给”。

无偿供给采取的是暂时将库存寄存在外包方的形式。如果零部件用于制造，就会将产成品返回发包方。这时，库存再从本企业的原材料、在制品库存中划出，会计上计为外包工序的产成品。

不过，供给品和产成品的数量未必常常是 1 比 1，所以必须经常对照、比较供给数量、使用数量和剩余数量。如果供给品大量剩余，下一次供应时就要减去剩余的数量，有时候可能还需要返还。

接受供给的外包方也要严格开展供给品的库存管理并报告。多少用于制造、多少制造失败而浪费、最开始的供给里有多少成了无法使用的库存等，都要明确地汇报。

供给虽然给库存管理造成负担，但省下了外包方采购的环节，使得一些缺乏价格交涉能力的企业不必购进高昂的原材料和零部件也能开展生产，具有互利双赢的优势。

此外，在制造外包中，有偿地供给原材料和零部件叫作“有偿供给”。这是指将原材料、零件销售给外包方，收购制造出的制品。这种情形下，由于买卖成立，制造外包方的库存是外包方的物品。

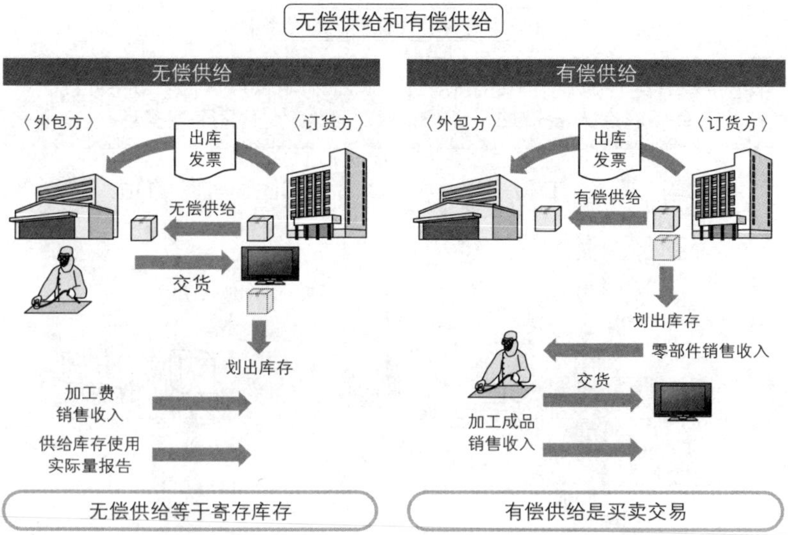

位于保税区的库存

从本企业出货的库存，有处于“保税区”这个特殊场所的情况。保税区是即将进口或出口之前临时保管的场所，是从国内出口、向下个国家进口前所处的场所，也是征收进口相关关税前的场所。

由于在保税区能够长时间保管库存，延迟进口的时间，使得战略性地控制库存成为可能。

以欧洲为例，假使有一种在欧洲各国使用的复印机。复印机上使用的耗材和维修零部件都是通用的。这时，一旦进口到

降库存保存在保税区的优点

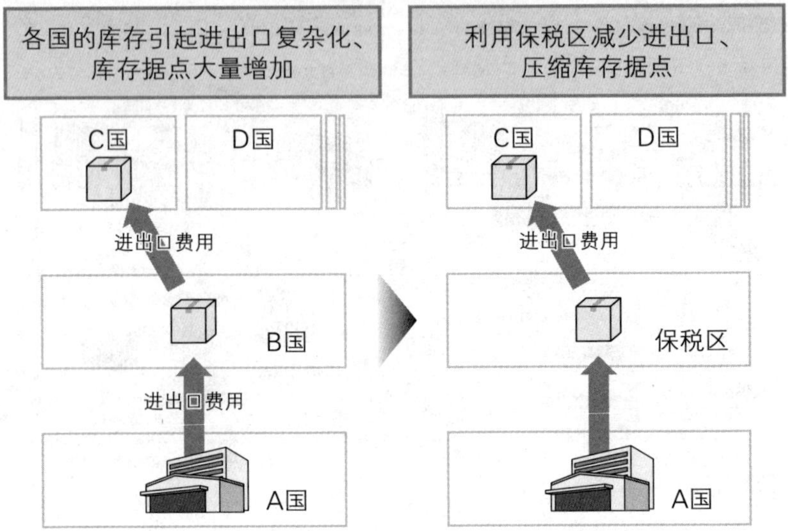

某个国家，当其他国家有需要时会发生进出口，花费多余的费用。比如制品在德国保管，当荷兰突然有需求时，即可进行进出口。

在保税区在库的话，当芬兰有需求时才进口，无需额外的进出口费用。而且，与其在各个国家设置库存据点，不如统一保存在保税区，也有助于减少库存。

像这样利用保税区库存，能够战略性地控制库存。

4.7 位于销售点的库存引起的问题

必须确立大范围的供应链管理

制造企业有时连与之合并决算的销售点也无法控制

制造企业有时拥有专门的销售点。当销售点是制造企业的合并决算对象时，销售点的库存当然也是合并决算的对象。对于企业主体来说，销售点持有过剩库存的话，合并决算财务诸表上的财务成绩就会恶化。因此，控制销售点的库存才是企业主体的心声。

但是，实际情况是许多企业都控制不了与之进行合并决算的销售点的库存。企业主体的统筹毫无效果。

第一个原因是，由于以往都以单体进行决算，一直没有统筹销售点，也就是一开始就没有建立统筹销售点的机制。很多日本企业，这种状况至今仍在持续。

第二个原因是由第一个原因引发的，销售点独立色彩越来越强，几乎到了不服从企业主体意见的地步。掌握销售权意味着与顾客直接相联系，位于商业活动的最前线。因此，把客户服务和销售收入当挡箭牌，无视企业主体意见屡见不鲜，只会说“在现场做生意的是我们，总部不要说话”。当然，在销售点成立的历程中，如果有收购本地企业或活用本地资本的经历，企业主体的支配力更加薄弱。

为了控制销售点，必须确立包括销售点在内的大范围的供应链管理（SCM）。这是本书在库存管理上的主题之一。

企业主体有时也会把库存强加给销售点

如果企业主体或工厂权力较大，有时会把库存强加给销售点。这时既有进行单体决算的过去的遗留，而且企业内部的评价仍然是单体决算和以组织单位进行的话，就会产生这种短视的强加库存的现象。

销售收入的计算采取出货基准的场合，工厂和企业主体只要使库存出货，销售收入就成立、计入利润，所以积极地将库存向销售点出货。由此对销售点造成压力，每次出现提前订货的调整，都会牵连到公司的管理层。

从合并决算的角度看来，这样做只是改变了库存的放置场所，实行合并决算的企业之间的交易终将消失，因此毫无意义，如果企业内部的业绩评价以单体实施，就会产生这些毫无结果的争执。

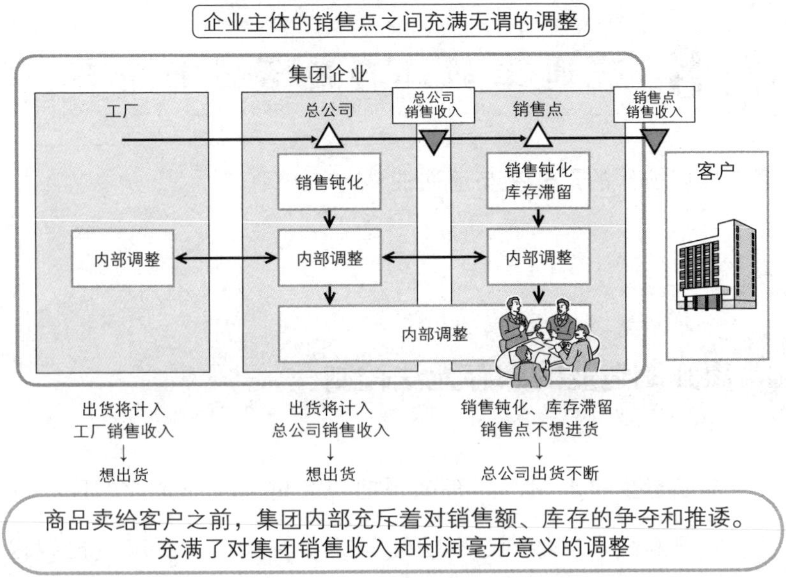

为了避免这种局面，在构筑供应链管理时，必须和预算管理联动起来。本书中对库存管理的建议是，不要把库存管理单纯地作为“物的管理”，而应该作为管理对象构筑相应的机制。

4.8 流通上的库存能否进行管理

制造业以协作的形式参与流通业

离开制造业的库存无法控制

对制造企业来说，其有试图把握交付给流通企业的库存和销售状况的欲求。特别是什么卖了多少，是令其垂涎三尺想得到的信息。与此同时，流通方有多少库存、对今后的发货有什么影响等，也是其想了解的问题。

但是，这些信息是无法轻易获得的。企业本来就不同自不用说，况且在某种意义上，卖家和买家的利益有可能是此消彼长的。而且，流通方也可能没有认真获取信息，可能根本没有制造业想要的信息。

假使有信息，流通业将花费成本收集的信息无偿向制造业提供也是闻所未闻的。信息具有很高的价值，而且是谈判的资本，不是那么轻而易举就能获得的。

连信息都是如此，所以制造业能够控制流通方的例子非常罕见。因为想实施均衡化生产，不能做出“每周按相同数量订货”的指示，也不能说“物流会忙得手忙脚乱，不要马上要用了才订货”“销售钝化、库存有剩余的话要提前通知”。

交给流通业的库存是流通业的资产，风险由流通业承担，其不会听从供应商制造业的要求。当然，制造特别有人气的制品、对流通业者实施进货配额的同时拥有强大的制品力的话另当别论，但这种局面也不会永远持续。

POS信息等可以买，但制造业要控制流通业的库存非常困难。

利害可以共有，因此有协作也成可能

但是，制造业和流通业也未必是一味地利害对立，都是如果不把制品卖给最终顾客，就无法成为真正的销售收入。制造业希望流通业不缺货、没有库存滞留、顺利地卖出去；流通业也想少量持有库存、及时地从制造业进货，充实资金。

也就是说，必须落实最终消费者阶段的销售收入，在这一点上制造业和流通业是利害一致且共通的，二者有相互协作的余地。

流通业和制造业携手共同拟订需求预测和计划的业务合作叫作协同式供应链库存管理（Collaborative Planning，Forecasting & Replenishment）。CPFR是一种双方共享实绩信息、宣传信息、库存信息，及时制造、供给以避免缺货，同时在可能发生过剩库存时可以及时调整的机制。

一旦相互协作的势头不在，CPFR 也会顷刻间被破坏，因此需要长期性的对关系的维持和信赖，具有不为了眼前利益而选择利己行为的度量。虽然没有达到能够控制的地步，制造业至少能以协作的形态参与到流通业的库存控制中。

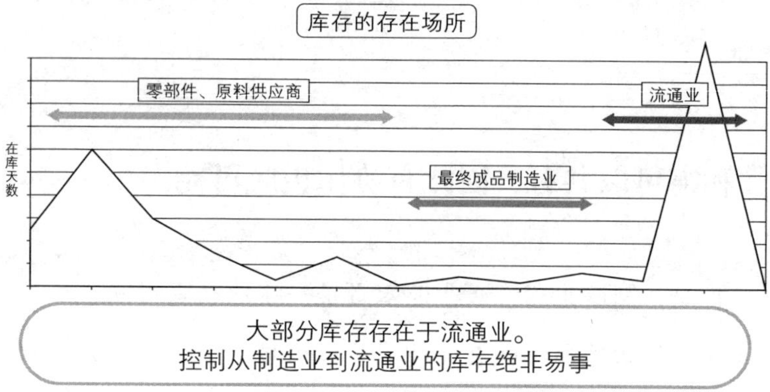

4.9 包装箱、标签、宣传册也是库存

减成本活动尚有余地

包装箱、容器、标签被称为副资材

制造企业中有一些不同于商品和制品、不被销售但要实施库存管理的物品，这些物品被称为“副资材”。辅助材料包括统称为“包装材料”的外包装箱、内包装箱、瓦楞纸箱，和统称为“封入材料”的使用说明书、标签、药品里附带的注意事项说明书等。

副资材的金额不多，不大受到重视，但一旦副资材短缺，出货就会停滞，因此有必要加强库存管理。同时，由于价格便宜，要注意容易过剩购进。

包装箱和使用说明书等副资材，有时必须进行“版本管理”。设计变化时甚至要废弃、重制。成分变化或法律要求的应注明的项目变化时，旧的包装材料都不能再使用。药品的内包装盒和说明书等也一样。不只是废弃旧的副资材，用旧的副资材制造的制品是否也要废弃或减产，或者让流通业者回收旧的制品，这些都需要商定。

采购部有时会独自为了降低成本而改变副资材的材料。这样做的话，是要把旧版的副资材用完再改版，还是扔掉旧版一次全部更新，必须决策并管理。随着副资材版本的管理和更新换代，管理变得更复杂。

被称为 MRO 的现场所必需的副资材

在制造现场，有一些物品要和零部件、在制品分开管理库存，这些物品被称为维修与作业耗材非生产性物资 MRO（Maintenance，Repair and Operation）。MRO 是进行补修和修理所需要的物品。具体来说，包括修理用的工具、润滑油、手套、口罩、服装等消耗性物资。加强库存管理的是库存金额高的场合，没有受到严密管理。看起来快不足的时候追加采购即可，绝大多数工厂主要是工厂总务或物资部辅助性地进行采购。

维修与作业耗材短缺，制造就会停滞，不能轻视。简易的台账管理等亦可，这是应该管理的对象。

宣传册等市场物资也是库存

宣传册和赠品广告等市场物资如果金额较大，也要进行库存管理。

间接物资和间接采购改革

与用于直接制造、算入直接原价的“直接物资”相对，这些副资材被称为“间接物资”。间接物资的费用作为制造间接费按间接经费分摊，或者计入销售费和一般管理费。

将这些间接费合计起来的话，占经费的比例为数个百分比，还有压缩的余地。间接物资的库存压缩和减成本活动叫作“间接材料改革”，主要手段是通过库存数量的削减和减成本活动来降低单价，比如库存数量的削减、保管场所的削减、采购的小批量多频次化等。单价压缩主要依靠“总额折扣”。对各库存据点采购的物资统一进行价格交涉，按照总额交涉单价，是成功进行减成本活动的手段。

花费数亿日元购买副资材的企业，稍做努力就能节省数千万日元的成本、减少多余的副资材库存。

专栏

CPFR（协同式供应链库存管理）是什么

CPFR（Collaboration Planning，Forecasting & Replenishment：协同式供应链库存管理）是指主要由制造商和零售商为削减库存、防止缺货相互协作，共享各自的实绩信息、需求预测、计划信息，共同拟订更佳的需求计划的机制。美国产业协同商务标准协会（Voluntary Interindustry Commerce Solutions）组织的协同式供应链库存管理在推进这一机制。

如果能与离最终消费者最近的、位于供应链下游的企业合作，进行实绩和需求预测，共同拟订计划，信息的合作速度会更快，风险判断会更加迅速，应对能力会更高。协同式供应链库存管理主要是以制造商和零售商的关系来说的。

即使能够实现 CPFR 会有效果，但实际上还有许多障碍。

第一个障碍是对信息公示的不安。计划信息对企业来说是机密信息。企业对轻易公开将来的销售计划和采购、生产计划有抵触。

第二个障碍是企业间的利害调整。强迫一方的企业处理剩余库存，协作就无法成立。如何应对不良库存和缺货，必须做出决策。

第三个障碍是责任的问题。对计划的责任暧昧，谁在什么时间点决策什么不明确的话，企业就无法制订计划。必须明确决策等业务流程和规则后再展开协作。

最后，信息系统的水平是一个课题，但也没必要引进高昂的 SCM 系统，单纯的“可视化”系统就足够了。

第 5 章

库存的基本知识④
传统库存管理方法的理念

5.1 传统的库存分析方法

ABC 分析、库存波动分析、库存滞留、报废分析

ABC 分析

库存分析之前，将库存按数量分类的方法叫作“ABC 分析”。分类是为了在思考库存管理的方法时识别“应重点管理的品目”和“应简单管理的品目”。

通常，销售收入大的库存，库存数量也更多。销售收入小的库存，库存数量小。当然，销售收入与库存数量不完全符合比例关系，但具有较强的这种倾向。

ABC 分析是将库存按重要度划分为 A、B、C 三类进行分析的方法。分析的方法叫作“帕累托分析”。按照销售收入的大小顺序累计销售金额。

ABC 的基准并没有定值，通常将销售累计频率 0%—80%划分为 A 类，销售累计频率 80%—90%划分为 B 类，其余划分为 C 类。当然，根据销售合计集中程度，ABC 的基准也会发生变化，根据需要，还有采用 D、E 等级的情况。企业根据其想分类

的详细程度调整定义。

帕累托分析常常被叫作“80 对 20 法则”，即 20%的构成部分占全体总额的 80%。置换成库存的话，就可以说 20%的品目占了库存金额的 80%。

实际上，我分析过的企业中，大多数都体现出接近 80 对 20 的倾向，集中度几乎高达 10 对 90 的企业也很多。

无论哪一种，都能够通过 ABC 分析，在选择库存管理方法时找到重点和基准。

例如进行下面的分类：A 品目进行统计性的库存计算、细致的管理；B 品目考虑稍微简便一些的方法；C 品目则通过单纯的补充计算，尽量少花工夫。

ABC分析

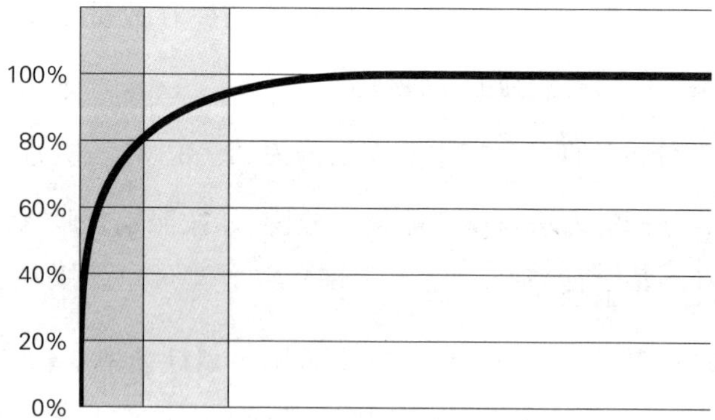

A 类：出货数量为前 80%
B 类：出货数量为前 80%—95%
C 类：出货数量为前 95% 以上
（A、B、C 的划分需要每家企业按出货的集中度等因素针对性地探讨）

库存波动分析

库存波动分析是用折线图分析库存的变动。方法很简单。采用折线图，分析出库存是否在偏向大量积压的时间点，以及库存是在增加还是减少。

仅靠库存，看不出销售收入的影响程度，因此可以把库存曲线和销售曲线并列起来看，或者通过库销比和库存周转率等计算值来看。此外，采购和生产等供给曲线也能并列表示。

库存波动分析

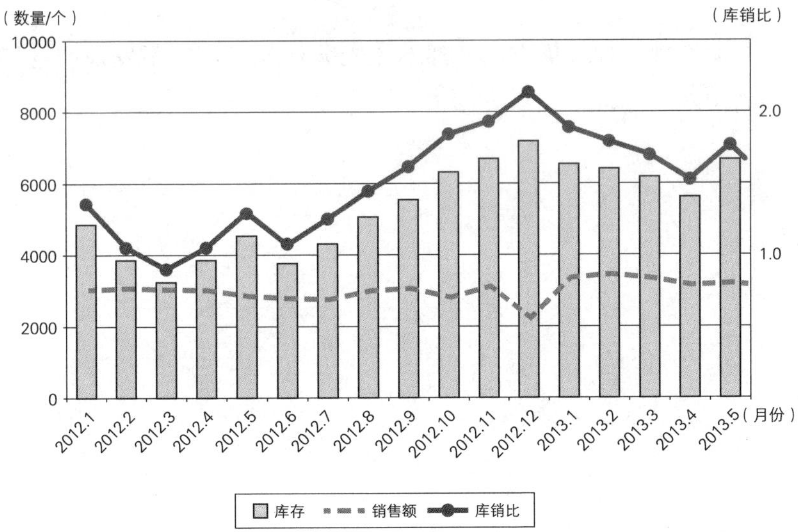

我在指导工作中，一定会把销售额和库存，以及采购，甚至生产的关系做成波动图来比对，令我意外的是，许多企业都

没有这样做，也没有分析自己的库存变动与销售额、采购和生产具有怎样的联动关系。

通过分析波动把握异常值和变动的循环，思考解决问题的办法和对策。

库存滞留、报废分析

企业要分析库存的滞留数量、金额和滞留时间，以及报废数量和金额。滞留的定义很重要，这有助于企业明确持有和报废了多少无用的滞留库存。

无论哪一种分析方法，都不能光分析就了事，不发现问题、究明原因的话没有任何意义。

5.2 实物管理的基本手段——整理整顿

出入库管理至关重要

从整理整顿开始的实物管理

库存管理的基本是“实物管理”。无论构筑多么高级的库存管理方法，如果不将实物管理得井井有条，任何方法都是没有意义的。

实物管理的理想状态是“合理的场所具有准确数量和状态的合理库存”。这考验着现场的管理水平。

从严格规定库存的放置场所这最基本的一点开始，现场哪个品目放在哪里可以立马被识别出来。

库存乱七八糟地散落一地不能称之为管理，首先是整理——扔掉不需要的库存，或者从现场撤离，保存在规定的保管地点。在此基础上，以品目单位决定库存的保管场所，以随时确认库存，并且能立即出库，这叫“整顿”。

整顿是指划分库存保管场所的位置定义和位置处所，这是按位置准确进行库存管理和出入库管理的基础。

整理整顿进一步推进就是“5S”改善方法。取日语中“整理”“整顿”“清扫”“清洁”“素养”的首字母称为“5S”。

“5S”是保持现场整洁、便于寻找物品、避免物品脏污使用的方法。

“整理”“整顿”达成后，就要彻底“清扫”。“清扫”顾名思义就是保持现场清洁。重视通过“清扫”“清洁”保持库存清洁，注意品质的同时保持库存。

此外，“素养”指的是遵守规则。将严格管理库存、按规定执行出入库的观念在全公司贯彻。

5S的含义

整理（Seiri）	遗弃不需要的物品
整顿（Seiton）	固定位置放置固定物品，保持能够随时取用的状态
清扫（Seisou）	经常进行大扫除，使工作环境保持清洁
清洁（Seiketsu）	维持工作环境的清洁
素养（Shitsuke）	养成在工作环境中遵守规定的习惯

如今，没有做到整理整顿和 5S 的工厂已经很少了。整理整顿和 5S 是库存管理的基本，必须经常注意，以防管理水平倒退。

实物管理的基本是出入库管理

做到整理整顿以后，下一项就是实物管理中最重要的“出入库管理”。出入库是指库存入库（接收）时将其保管在恰当的位置，同时将正确的品目以正确的数量入库至正确的场所，在库存台账中记账更新，出库（付出）时确保位于正确位置的正确品目以正确的数量出库，同时正确地在库存台账中记账、更新出库。这样一来，就能在台账上正确维持库存数量，实物和库存也能维持完全吻合的状态。

如果库存出入库混乱，不仅会发生库存差异，还会出现原以为有的库存实际上没有、以为没有的库存其实有等状况，导致现场混乱。诱发生产停滞、发生紧急订货、库存滞留等严重后果。

因此，实物管理的要点是严密的实物管理、与实物管理保持同步的库存台账的出入库管理。

“红纸战”——暂时的库存报废

提到库存管理，一个重要角色就是“红纸战”。红纸战是指给不需要的库存贴上红纸，将其标记出来，再把它们从现场清除出去的做法。

这似乎是一个非常耸人听闻的方法，因为单纯把不需要的库存废弃掉，管理水平并不会得到提升，终究是暂时性的报废库存的仪式而已。

如果热衷于红纸战或者反复开展红纸战，就会变成为了管理库存而管理，无论何时也管理不好库存，所以应该早日提升管理水平，不依赖红纸战。

企业要把库存管理当成一项业务谨慎统筹，努力完善控制库存的机制。顺带一提，我从来没有见过处于开展红纸战这个水平的企业。

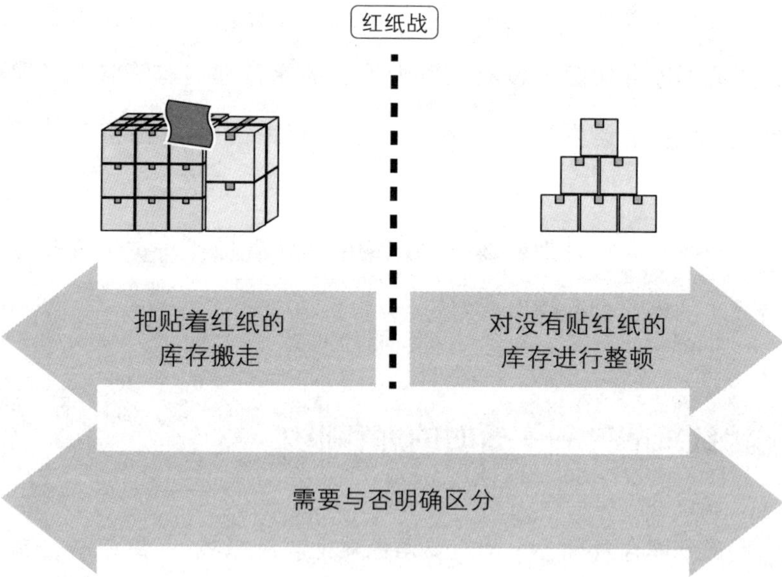

5.3 订货管理的基本① 定期、不定期，定量、不定量

根据各种各样的特性探讨订货方式

着眼于订货周期和订货量的分类

很多库存管理的书都把订货方式按照“定期定量”“定期不定量”“定量不定期”“不定期不定量”进行了分类。这是着眼于订货周期和订货量的分类方法。大致分成这 4 个类型后，再叙述每一种订货方式的特征。

“定期定量”是指定期按固定数量订货的方式。例如每周星期四订货 100 件。

“定期不定量”是指定期地订货，但每次订货数量都不一样的订货方式。例如，每周星期四订货，但每一次都要重新计算订货数量。

“定量不定期”是指到了需要订货的时间点定量进行订货的方式。例如，存货用掉 100 件之前不定货，用完 100 件的时间点下单 100 件。

“不定期不定量”是指到了需要订货的时间点，计算订货数

量、进行订货的方式。

这些分类有助理解订货方式的种类，但实际上企业要根据各自的特性探讨恰当的订货方式，这时这种分类定义就很少发挥作用。实际中，直接特定某种订货方式，再针对其进行调整的方式更常见。

而且，这种分类里还包含了实务中几乎不被采用的订货方式，比如“定期定量”。市场瞬息万变，每次都在相同的时间点进行相同的数量的订货，这几乎是不可能的。在绝大多数情况下，这种方式不是使库存盈余就是让库存缺货，除了有一定需求的品目外，几乎是一种在现实中无法成立的方式。

定期不定量的订货方式

“定期不定量”是计划和订货业务定期进行的例子，需要严格进行库存管理的品目几乎都采用这种方式。在定期不定量方式中，订货周期的定义和订货量的计算方法十分重要。

订货周期由本企业的业务速度决定。根据情况，有时也可能依存于接受订货方的情况。例如，即使订货方想每周订货，但如果接受订货的企业只许可每月发一次货，最后只能每月订货一次。

订货量的计算方法各种各样，基本是以“循环库存量”和

"安全库存量"的合计来订货。

循环库存是指预计使用的计算数量。例如认为 1 周卖掉 100 个时，准备"可能会卖掉的 100 个"。

安全库存是指为了应对超过预计销售的循环库存，进行安全订货的数量。例如，对于"可能会卖掉的 100 个"，多筹备 100 个，以备有可能缺货的情况。

循环库存和安全库存加起来就是"基准库存"。基准库存的计算方法形形色色，将在 5.6 节详述。

定量不定期又叫订货点方式或极小极大值法，是一直以来就有的一种简易的基准库存计算方法。双料箱法也属于这种方式。

简易的基准库存方法也会在 5.6 节详细叙述。双料箱法则在下节提及。

5.4 订货管理的基本②
双料箱法

单一且便于管理的订货方法

针对重要度较低的品目的简易订货计算

最简易的发货计算是一种叫作“双料箱法”(Double-bin)的计算方式。料箱指的是保管物品的容器或架子。

双料箱法的原理很简单。准备两个容器，二者都装满库存，从其中一方开始使用。第一个容器空了以后，在开始使用第二个容器里的库存的同时，进行订货以把第一个容器装满。第二个容器在第一个容器补充库存期间使用，但在库存用完之前第一个容器要完成补充。这就是双料箱法。

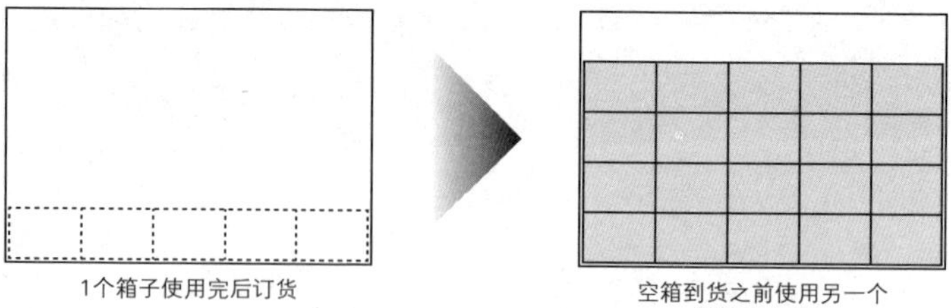

双料箱法是一种简易订货方法

双料箱法非常原始，但又是一种单一且便于管理的订货方法。目测容器的库存状况的同时，便可进行订购，使实物管理和库存台账管理实现了一体化。

采用双料箱法的品目不以单个为单位进行管理，而是对每个容器使用总额管理的方法，不将数量录入系统。这样可以省下采用系统进行管理的工夫。

采用双料箱法的品目的特征

双料箱法的管理对象，基本都是不太重要的品目。双料箱法适用于库存金额小、通用性强、采购容易，甚至都是在制造现场等筹备的品目。

例如螺丝、螺栓、螺帽等琐碎的通用零件，手套和口罩等维修与作业耗材也属于此类。

购进商品和制品也一样，虽然不是特别重要，但卖出去能增加一点销售收入，这种品目也是双料箱法的应用对象。一旦缺货就会出现大问题的品目并不适用。

双料箱法的数量

那么，双料箱法中，每个容器容纳多少数量应该如何设定呢？双料箱法把补充库存期间使用的数量作为一个容器的库存量。一个容器使用完的时候，空容器就要进行补充，库存能满足补充期间的使用量即可。这种情况只有循环库存被运用，安全库存为零。

另一种看法认为，应该在能够完成库存补充期间的使用量上，再加若干安全用量。即使稍微增加一些安全用量，并不会对财务造成多大影响，几乎不是什么问题。这种情况下，循环库存和安全库存的合计值才是容器的最大数量。

三料箱法

有人在想能否让双料箱法的安全用量的管理更加合理，而提出了“三料箱法”。这是使用三个容器的方法。

三个容器里，一个是现在用来进行出入库的容器，第二个是保管第一个容器用完后，直到完成补充为止使用的库存的容器，第三个是一旦第一个容器补充完成之前第二个容器已经用完了，也能作为安全量进行出入库的容器。

也就是说，循环库存作为一个容器的量，安全库存也作为一个容器的量运用。尽管是三料箱法，但一开始就是库存金额很小的品目，所以不太会成为什么问题。

双料箱法中库存的动态

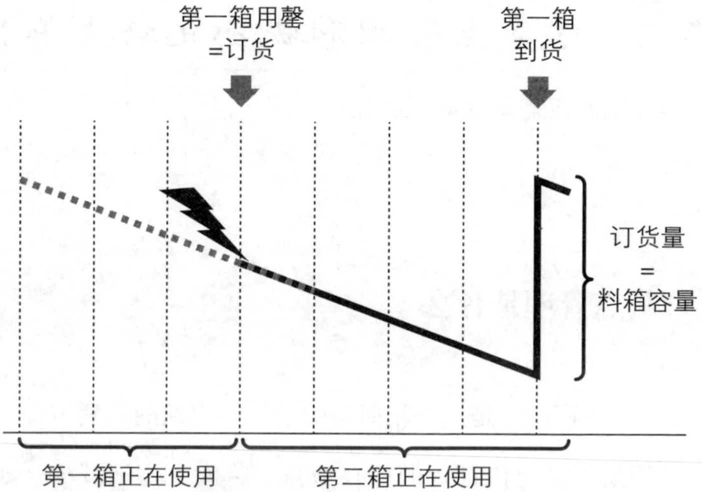

积少成多的库存

采用双料箱法进行库存管理的品目或许单件库存金额很小。但是，即使是双料箱法的对象，如果对象品目很多，合计起来也可能是一个相当可观的数字。

哪怕是选择简易的方法作为管理方法，以简化操作，也要持续监视库存金额的增减。

5.5 订货管理的基本③ 订货点管理和极小化极大算法

弱点是无法对应需求变动大的品目

订货点管理是什么

“订货点管理”是一种较简易的定量不定期的订货方法。订货点管理指的是应该订货的库存数量。将库存逐渐减少，如不订货可能出现缺货的库存数量设定为订货点。

为了不发生缺货，订货到上货期间（采购前置时间或生产前置时间），把库存可维持的数量作为订货点。因此，

发货点=采购前置时间或生产前置时间内的需求数量

“前置时间”指的是从业务开始到完成为止的时间。“采购前置时间”是从订货到入库为止的总时间，“生产前置时间”是发出制造指示到生产完成、入库为止的时间。前置时间有时会被暧昧地使用，因此必须明确定义。

订货点用完后才订货，这使得订货无法定时。到达订货点时，要确定好应订货的数量。

发货点也能够增加安全库存。例如采购前置时间为一周，

一周内的需求量为 100 件的场合，就把 100 件作为订货点。100 件使用完的时间点再订货 100 件。但是，如果和预想的相反，采购周期内接到了 120 件的订单，就会发生缺货。如果加上在这个采购前置时间内需求预测不准确的风险库存，就能解决缺货问题。也就是，

订货点=采购前置时间或生产前置时间内的需求数量+安全库存

安全库存的计算方法参考下一节。

来看加入了数字的例子。假设采购前置时间为一周，一周内的需求为 100 个，发生需求变动，超过 100 件的数量为 20 个，订货数量是一周内的需求量，那么订货点为 120 个，订货数量为 100 个。

订货点和订货数量

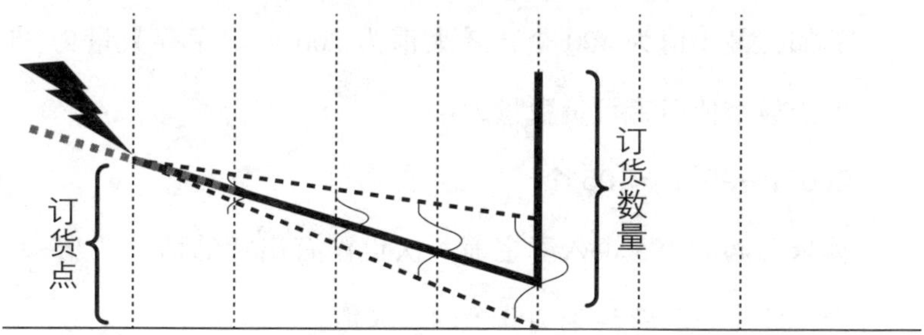

订货点：采购前置时间或生产前置时间内的平均需求（+安全库存）
订货数量：采购前置时间或生产前置时间内的平均需求或者最小订货数量

每次对订货点管理的订货数量重新计算，可以实现不定时、不定量型的订货方法。但是，订货点管理本来就是基于过去的需求实绩的简易订货方法，太复杂的话会增加管理的难度，偏离原本的目的。运用订货点管理，订货量计算细致到什么程度，一开始要决定好。

极小化极大算法的思路

“极小化极大算法”是一种很早就有的不定期不定量的订货方法。极小化极大算法是库存减少、低于最小值以后，进行订货使其回到最大值的方法。

设定最小值的思路和订货点管理的订货点一样。订货数量是最大值和低于最小值的现有库存量的差值。

例如，最小值为 100 个，最大值为 200 个。库存数量为 95 个、低于最小值时，订货数量为：

200 个-95 个=105 个

如果订购的 105 个入库之前一次也没有出货的话，在 95 个上补充 105 个，就会达到 200 个的最大值。

另一方面，如果这期间有过出货，到货 105 个以后也达不到 200 个。不过并无大碍。极小化极大算法并不是常常以最大值持有库存，只是把最小值作为订货点、把最大值作为计算订货数量的基准值。

当然，在计算订货数量时，在预测订货前置时间和生产前置时间内出货情况的基础上，也可以计算出确保最大值的数量。但是，持有最大值的库存并不是企业的目的，所以通常不会这么做。

最大值的设定方法是基于过去的出货实绩和出库实绩等需求实绩进行的。例如，使用过去的最大需求值和最大需求值的 X 倍，或者使用过去的平均需求值的 Y 倍等。变动较大时，最大值就会变大，持有的库存也会相应地增加。

订货点管理、极小化极大算法适用的对象

订货点管理和极小化极大算法都是简易的订货数量计算方法。在无法以品目为单位详细探讨订货计算，或者没有这种必要的情况下，常常采用两种方法。

例如流通业的品目数量过多，而且每种品目的需求量不是很多的时候，可以采用订货点管理和极小化极大算法。

这两种方法也适用于制造业中需求量不是很多、无需严密管理的库存，或者无法实施严密管理的品目。多用于在 ABC 分析中划分为 C 类以下的物品。

“到底该以什么样的基准决定是采用订货点管理还是极小化

极大算法呢？” 似乎有这样的声音。我在这里只能写一些方针性的表述，并不是放在哪里都是绝对的正确答案。实务中要分析、探讨和决策。

订货点管理和极小化极大算法的问题

在不同的企业里，对所有品目都采用订货点管理和极小化极大算法的地方也寥寥无几。不同于预计需求稳定上升的过去，如今市场需求变动激烈，商品生命周期越来越短。订货点管理和极小化极大算法具有无法参与这种变动的弱点。

订货点管理和极小化极大算法的问题在于，无论是订货点还是最小值基准的订货数量，都是由过去的需求实绩决定的，这不能很好地适应需求变动较大的品目。

而且，即使有营销活动的计划，在这两种方法中也无法反映，应对人为计划引起的需求变动方面也落后一步。由于有这些问题，订货点管理和极小化极大算法的应用受到限制。

当然，订货计算需要考虑效果和成本。考虑到管理的成本和效果的时候，也可以选择采用订货点管理和极小化极大算法。特别是适用于 C 类以下的物资时，即使需求有少许变动，对库存整体造成的影响也很小，因此可以采用订货点管理和极小化极大算法。

5.6 订货管理的基本④ 基准库存和安全库存计算

清晰辨识两个用语

明确定义基准库存

通过 ABC 分析划分为 A 类和 B 类的库存影响较大，这种情况下不能采用简易的方法，而是明确设定“基准库存”，在避免缺货的同时防止过剩库存，这样来进行订货计算。

书籍里关于库存管理和订货计算的叙述中，没有明确识别“基准库存”和“安全库存”的例子很多，所以会出现很多混乱。

其中，一些书籍毫无铺垫地列出 σ、$\sqrt{LT}$ 的算式，说利用这些就能进行库存计算，叙述毫无章法。市面上很难找到能用的介绍基准库存计算的书籍。

“基准库存是什么？”这一定义本身没有明确。针对这一点，本书首先对基准库存作如下定义。

基准库存是为了不发生缺货，满足一定期间内需求的库存数量。

另一方面，“安全库存”这个词也在被使用。安全库存和基准库存不是同一个概念，所以要明确地区别开来。安全库存是基准库存的构成要素之一，不能混淆。

循环库存和安全库存要分开

基准库存的概念分解成以下要素。

基准库存=循环库存+安全库存

循环库存是

基准库存 = 循环库存 + 安全库存

满足时段（bucket）内需求数量的库存

月时段

	1月	2月	3月
需求=循环库存	100	100	100

周时段

	1周	2周	3周	4周	5周
需求=循环库存	20	20	20	20	20

如前所述，“循环库存”是指一定时间内所需的库存数量。

例如，未来1周内的出货数量，也就是如果需求是100个，这100个就是循环库存。如果这100个恰好全部出货，下周同样也有100个需求，那么下周的循环库存也是100个。

有需求的时间期限叫作“时段”。有计划地考虑需求量和订货量时，可能会以某个汇总时间段的总量来考虑，这个时间段就叫作时段。例如，考虑一周的需求时采用“周时段”，考虑一月的需求时采用“月时段”。

也就是说，循环库存是指在计算基准库存时，成为计算基础的时段的需求量。对于这一需求量，如果有确定的订单，就采用该订单数量，如果没有订单等实际需求数量，必须基于预测和计划进行设定。

安全库存

循环库存是为未来的需求准备的。如果能根据实际需求准备库存再好不过，但通常事与愿违。因为通常与准备库存的前置时间相比，被要求的前置时间更短。

这样一来，循环库存必须以预测和计划为基础来进行准备。预测有可能落空，未来不会按计划到来。超出准备好的循环库存的订单有可能到来。企业必须持有应对这种超出预测的“安全库存”。

安全库存和循环库存不同，是为满足预想需求的“超出”部分而追加的库存。

安全库存是

基准库存 = 循环库存 + 安全库存

应对超出循环库存的需求的库存

月时段

	1月	2月	3月
需求=循环库存	100	100	100
预测外需求=安全库存	50	50	50

周时段

	1周	2周	3周	4周	5周
需求=循环库存	20	20	20	20	20
预测外需求=安全库存	10	10	10	10	10

安全库存的基本是库存补充前置时间内的需求

安全库存的基本是循环库存和实际需求的差异，下次订货时再次进行修正后的订货计算，直到库存入库为止，即使有预测之外的订单也能应对。这里的“下次订货时再次进行修正后的订货计算，到库存入库为止”的时间叫作“采购前置时间”。

采购前置时间＝下次订货时再次进行修正后的订货计算，到库存入库为止的时间

例如，周时段的循环库存为 100 个，采购周期为 1 周。1 周内超出预想的订单有 100 个。这时，基准库存的计算如下：

基准库存 = 循环库存 100 个 +1 周内超出预想的订单 100 个

也就是说，准备 200 个基准库存，就可以避免缺货，满足需求。安全库存是某一时段内超出预测的需求，是在采购前置时间内，足以应对需求的部分。

循环库存和安全库存

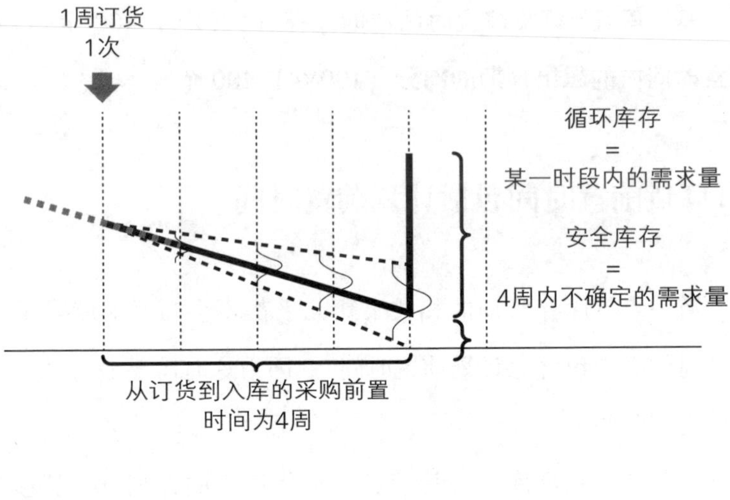

采购前置时间的影响

接下来看更加复杂的情况。前面的例子是能够订购每周、次周需求量的例子。但是，订货至到货的时间有时候更长。这样的话，就必须相应地持有满足到货之前超出预测需求的安全库存。

假设采购周期为 4 周。前面的例子中，我们假设了 1 周内可能超出预期的需求量为 100 个。由于 4 周没有到货，安全库存必须支撑过这段时间。

4 周时间的循环库存为 400，超出预期的需求量为 100 个/周×4 周=400 个，基准库存为 800 个。

基准库存=订货前置时间内的库存（100×4）400 个+订货前置时间内的超出预期的部分（100×4）400 个

订货前置时间包括计划前置时间

有一点，库存管理的相关书籍几乎都不会写，那就是采购前置时间必须包含“计划前置时间”。因为这时需要考虑补充库存的全部时间。

假如进行基准库存计算、进行订货计算的计划立案需要 1 周，这 1 周时间也必须包括在采购周期之内。许多相关书籍都遗漏了这些内容，请读者注意。

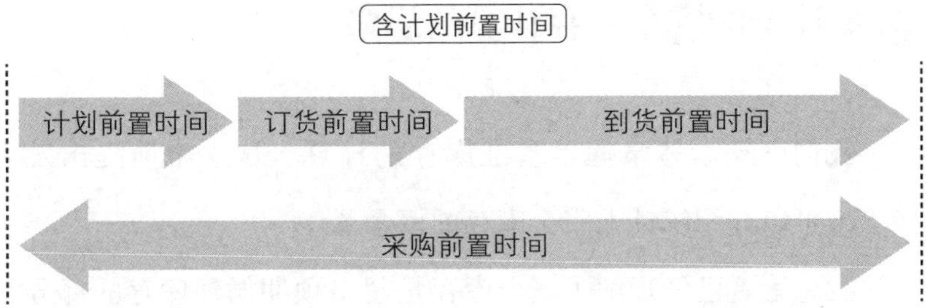

订货周期的影响

之前的例子中，我们把订货周期和采购前置时间设定成相同的 4 周时间。那么，即使是每周都可以订货的情况下，订货之后也需要 4 周才能到货的话，该怎么办呢？

这种情况下，对于每周的循环库存，可以通过加上到下次补充为止所需时间内的需求量来对应。也就是：

基准库存=循环库存 100 个+订货前置周期内的超出预期的部分（100 个/周×4 周）400 个

循环库存每周 100 个+安全库存持续入库。现在即使下决断，结果也是反映在 4 周以后，因此加上到入库为止的超出部分才可以支撑。

统计上的安全库存计算的思路

我们已经大体掌握了基准库存的计算。从这个前提出发，接下来可以介绍统计上安全库存的概念了。

我想读者已经理解了安全库存是超出预期循环库存的部分。应用统计方法展开超出部分的计算，这就是统计上安全库存的思路。

在统计的世界里，将许多实绩（样本）排列起来，就能得到一张正态分布图。

统计上的安全库存

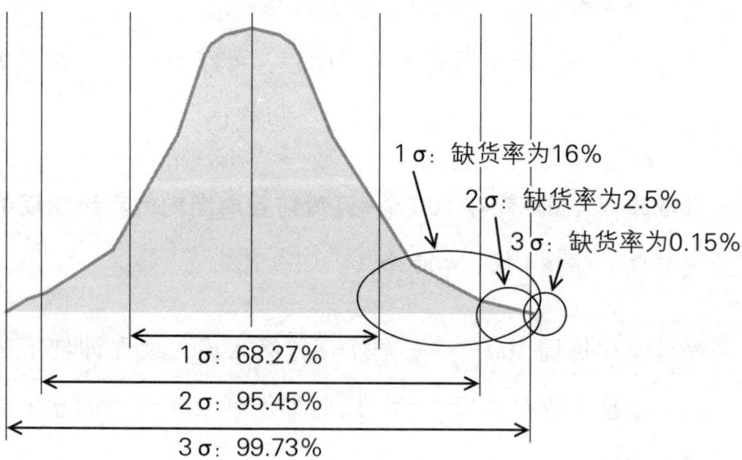

正态分布以中央为平均值，用σ表示数据与中央的离散程

度。也就是用 σ 这个单位考虑数值与平均值（正中央）的差异值。σ 在汉语中叫作“标准差”。

从正态分布图可以看出 σ 覆盖的范围内包含多少样本。σ 前面乘以系数，可以计算出与平均数值的离散程度。覆盖范围如下所示：

1σ：68. 27%

2σ：95. 45%

3σ：99. 73%

1σ 的范围覆盖了 68. 27%，反过来说，即使准备 1σ，仍会发生缺货的概率为 1−68. 27% = 31. 73%。考虑 3σ 的话，发生缺货的概率只有 0. 27%。

σ 的计算采用数式：

实际数据（样本）：X_1、X_2、X_3、X_1、X_4……（若干数据）

平均值：m

$$\sigma=\sqrt{\frac{(X_1-m)^2+(X_2-m)^2\cdots+(X_n-m)^2}{n-1}}$$

Excel 软件提供样本标准偏差函数（STDEV），可以加以利用。

σ为什么要用根号计算平方根呢？因为计算标准差时，为了考虑差异的正负，要用平方计算，再开平方根。不算平方的话，小于平均值的时候差值为负，正负相加互相抵消，不便于分析数据。

大致进行安全库存计算时，可简略化地认为用2σ可以覆盖95%、缺货的概率为2.5%。这是因为如果实际需求低于预测，则不会发生缺货，所以只需考虑实际需求高于预测的情况。同样，如果准备3σ的安全库存，缺货概率只有0.27%的一半，大约为0.13%。

采用σ计算安全库存，还可以把前置时间也放进根号下。这里要应用概率中所谓的独立服从正态分布的概率变数之和，与服从正态分布的再现性原则，难度比较大，所以在这里记住［（平均值-样本值）×前置时间］的平方，再开平方根即可。

因此，统计性的安全库存为：

统计性的安全库存 $=\alpha\sigma\sqrt{LT}$　　α：安全系数

这里的α是安全系数。α=2时就是2σ，α=3时就是3σ。

另一方面，也可以用覆盖范围内的概率求平方根，来决定安全系数。例如，想达到99%的覆盖率的话，α就等于2.33。

我经常使用的不是安全系数，而是2σ或3σ的定数。使用哪一种主要看个人用起来是否比较方便或说明起来是否比较方便。

假如循环库存为 100，安全系数是 3，σ = 10，采购前置时间为 4 周，则标准库存为：

$$标准库存 = 100+3\times10\times\sqrt{4} = 160$$

利用与计划值的差异的统计性安全库存计算

通常，安全库存计算的源头是基于实际数据进行计算。将实际数据的平均值作为 σ 的“正”，计算数值与该平均值的离散程度。

这种方法是以实际数据的波动为基础，有可能出现很大的数字。

安全库存要考虑与基准数值（一般是平均值）的离散程度，如果有进一步缩小与这个基准数值的差值的方法就更好了。这种方法就是“利用与计划值的差异的统计性安全库存计算”。

“利用与计划值的差异的统计性安全库存计算”把使用一般的平均值的部分作为计划值。计划值不是平均值，而是订货计算的时段内的预想数值，不是胡乱猜测的平均值，以计划性地假定数值为基础，通过求其差值，进一步减少安全库存。

安全库存原本就是为了弥补实际需求和预测需求之间的差

异的安全余裕，取差值的对象不是实际数据的平均值，而是与通过预测、系统化计算出的计划值的差异，后者更为合理。

其计算方法为：

实际数据：X_1、X_2、X_3、X_1、X_4……

计划数据：P_1、P_2、P_3、P_1、P_4……

数据数：采购前置时间内的数据 n

$$\sigma=\sqrt{\frac{(X_1-P_1)^2+(X_2-P_2)^2\cdots+(X_n-P_n)^2}{n-1}}$$

这种计算方法比用实际数据与实际数据的平均值来计算更精练，但数据的保持很难，而且难以进行理论性的说明，运用起来很难。

计划值和实际值的差异

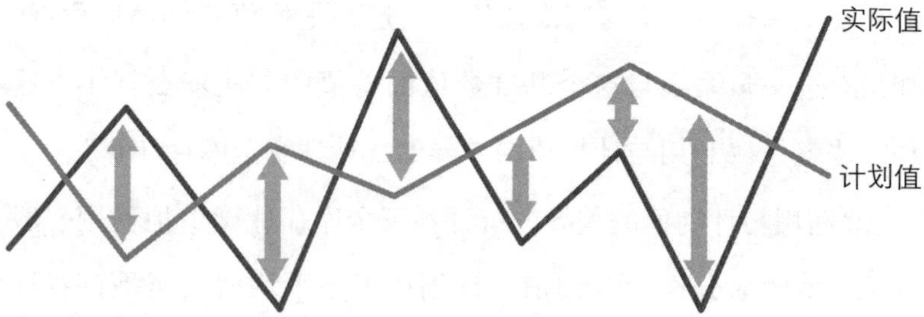

根据计划值和实际值的差异设定安全库存

安全库存计算的理念

统计性的安全库存需要统计知识，而且必须相应地对过去的实绩有详尽的记录。更进一步说，即使花费相应的管理成本，统计性的安全库存也不是完美无缺的，毕竟是以少量的实绩样本计算的，并不是100%。在此基础上，对统计没有深入理解的话，就说明不了为什么会得到这个数值，在实务中很难维持。

在这里，如果单纯地把安全库存当作为了补充与“循环库存”有出入的部分的库存，那么也会得到采用更加简易的方法来设定也无可厚非的结论。实际上，实务当中这种观念的影响力更强。

缓冲库存——简易的安全库存设定

作为简单的基准库存计算，实务中采用的方法有3种。思考单纯地作为安全库存，把哪个时段的需求数量作为缓冲。

①持有采购前置时间内所需的库存

这是一种被广为接受的方法，即持有采购前置时间内的需求量作为库存的理念。

例如，如果采购前置时间为 4 周，就要持有和从现在开始 4 周内的需求量相等的库存。这种方法有非常容易理解、便于运用的特征。

如果可以订货的周期为每周，那么第 1 周的库存量为循环库存，接下来 3 周的量为安全库存。

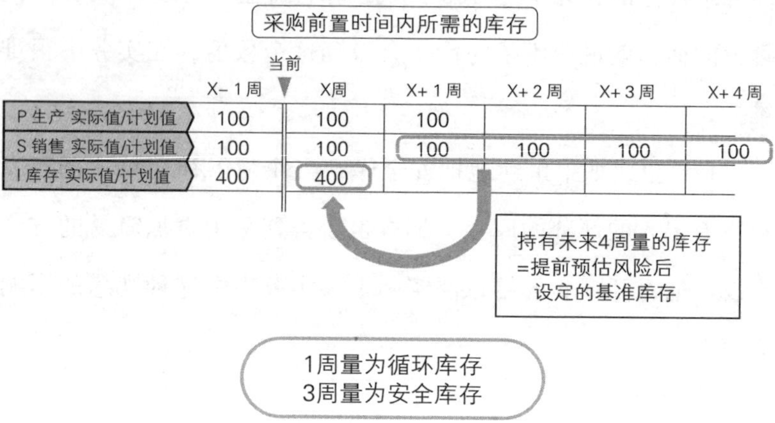

②提前使用次时段的库存

订货周期以时段为单位的情况下，持有下一时段的额外库存量的想法。例如，有每周订货的机会，经验性地发生的是下周（=下一时段）的被提前使用，因此持有下一时段的库存量就可以周转。这种方法也比较简便，广泛被采用。

循环库存为该时段库存，安全库存为次时段库存。

③循环库存的倍数

这是单纯地根据可能有预测的循环库存的 X 倍订单的经验想出来的方法。例如，实际库存可以支撑本周预测的循环库存的 2 倍即可，那就把该时段的循环库存×2 作为基准库存。

循环库存为该时段库存，安全库存为该时段循环库存的（X−1）倍。

根据循环库存的倍数

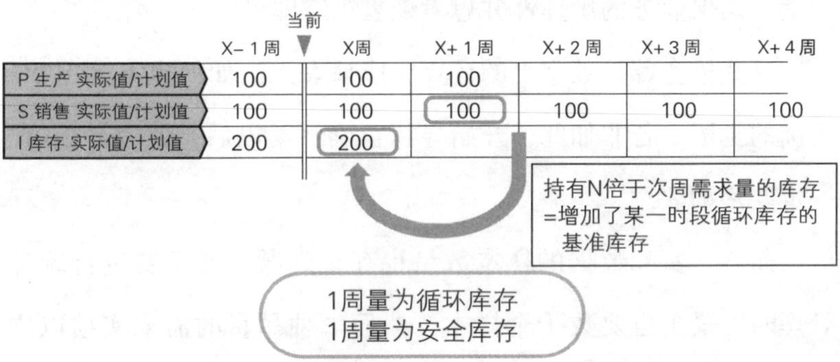

虽然是根据缓冲库存这种简单的经验，设定安全库存的方法，但并不能轻视经验，况且统计上的安全库存也不过是经验在概率上的一种表现。完全契合实际的基准库存是不存在的，因此要考虑花费的工夫和成本，以及效果来选择基准库存的计算方法。

基准库存设定的局限性

基准库存设定的局限性在于从过去的实绩来计算安全库存。其前提是“和过去一样的事情未来也会发生”的假想，如果这一点被推翻，用过去的实绩计算库存本身就是错误的。

但是，这种风险通过订货周期的多频次化、过去实绩反映的短周期化等多少可以化解。而且，即使发生最坏的情况——缺货，确保业务的敏捷性并思考恢复策略即可。

这些毕竟都是数字上的计算，应该有无论如何也不会100%正确的觉悟。若非如此，开始寻找正确答案以后，就容易徒劳。一定要多加注意。

而且，实际数据的样本数量也存在问题。通常要进行统计处理时，最少也要数千个样本，然而1种品目的需求实绩以周时段来考虑的话，测定1年54周，积累3年也只有162周。超过3年，趋势会开始变化，累计数据难以发挥作用，库存问题充其量是在以这种程度的样本数量进行统计处理。如果以月时段计，样本数量更少。

用模拟实验进行验证

无论统计性的理论结果，还是经验总结出的原则，终究都是计算数值。为了验证基准库存计算的准确性，经常对计算值和实绩值加以比较十分重要，采用基准库存计算时，要以更早的实际数据进行概算，再与过去的实绩比较，并用模拟实验进行探讨。

5.7 订货管理的基本⑤ JIT和VMI

这是供应商方面的负担

JIT是日本制造业的家传绝技

作为传统的库存管理实务方法，日本的制造业出色地打造出了一个模型。JIT（Just-In-Time）是丰田生产方式所谓的“看板”方式的发展形态。

“看板”是指为了不过剩持有工序库存，后工序向前工序领取所需要的零部件库存，摘下被领取的零部件的“看板”，以此为制造指示进行补充生产，摒弃计划生产所导致的不必要的过剩生产，利用与工序变动完全一致的制造指示减少工序库存的策略。

为了消除计划性地增加库存、一味地送到后工序、引起库存滞留的危害，通过后工序拉动生产，不制造无用的库存，就能及时地进行生产，看板方式源于这样的设想。这种方法是现场方法，将其当作更高级别的计划、作为基础来统筹生产，就是JIT。

JIT 是通过及时地将零部件库存送入工序，来达成以工序投入前的零部件库存处于接近零库存的形态来运用的目的。

严格的 JIT 实行“指定时间交货”，供应商不得不在指定的时间交货，而且还有“生产线交货”这样要求将零部件送到制造线旁边的情况，给供应商造成了相当大的负担。

为了支撑 JIT 的实现，收货方的工厂近旁设有仓库才能满足要求。说到底，正好赶上按指定时间交货的生产是不可能的，因此必须实现准备好库存，接到指示再迅速出货。收货方库存减少了，供应商库存反而增加，也可以认为只是库存的滞留场所向上游移动了而已。

JIT的机制

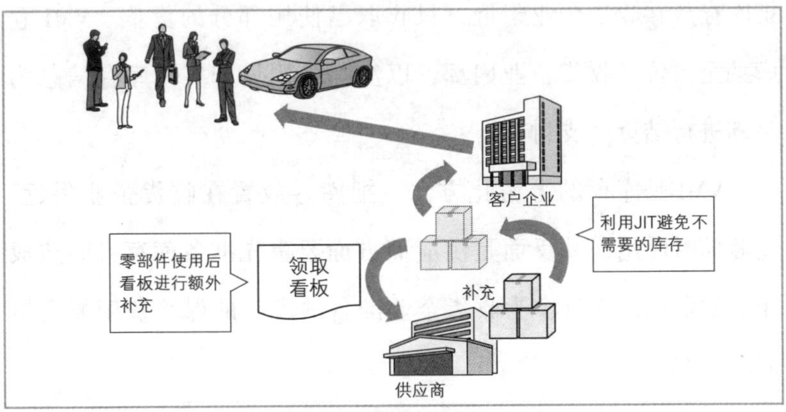

利用JIT（Just In Time），在需要的时间点仅补充所需要的数量

这种减少库存的策略一方面得到较高的评价，另一方面考虑到供应商的负担，以及市场和营业方面的制品库存的积压，也要考虑费用和效果的相对情况。

JIT 要提前公开采购计划和生产计划，供应商按计划生产、准备库存，以按时交货。订货和收货指示发出后收货，但该订货和收货指示也有可能变更，这要求供应商具有很强的灵活性。这种变更是否合理终究不得而知。

VMI 的详细内容

VMI 本身是和“富山卖药郎”一样的运用形态。如前所述，把库存放在收货企业附近，只收取已使用部分的货款。VMI 仓库甚至可位于收货企业内部，以实际使用量和实际库存信息为基础进行结算（支付）。

VMI 是库存的上游化方法。把库存放置在收货企业附近，能够随时使用，其反面是供应商方面要事先准备库存，而造成相应的负担。而且，为收货企业准备的库存的保管费用要由供应商负担。

采用 VMI 时，为了尽可能减少缺货、报废和过剩库存，收货企业有时也会事先发出采购计划或内示。一旦发出内示，就会产生领取责任，发生库存劣化的情况时，供应商可以和收货企业交涉分担回收和报废费用。

但是，通过这些应对措施，供应商和收货企业的合作更加密切、共享风险，提高了商业往来的持续性。考虑到费用和效果的对比，VMI是不可不接受的方法，这或许是供应商一方的心声。

VMI的机制

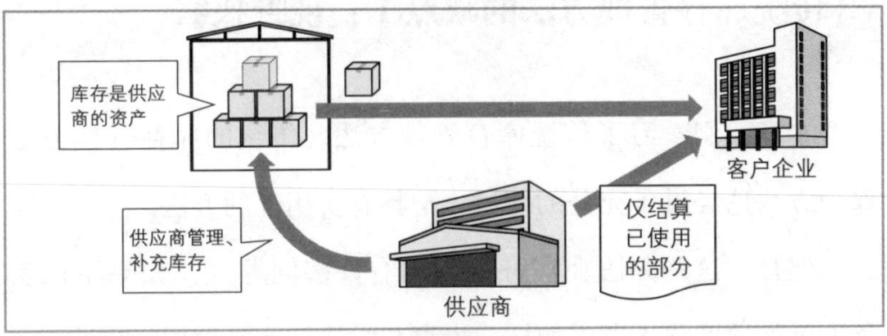

VMI即
Vendor Managed Inventory，仓库在工厂占地内或工厂近邻，库存为供应商持有，仅结算已使用的部分

客户依靠供应商筹备库存，因而较为便利。但供应商负担较重

5.8 传统库存管理方法的问题点

不从实务的角度深入考虑的话，有些方法可能无法使用

传统库存管理方法的缺点①：视野狭窄

本章我们学习了传统库存管理方法。传统的库存管理方法作为方法论经过了充分的探讨，是具有实用性的方法。

但是，这些方法在实务中仍然有许多问题点，如果不从实务人员的角度深入考虑的话，也存在无法被实际运用的风险。

传统的库存管理方法拘泥于方法问题，在许多点上只在有限的范围内议论，不具备跨组织业务合作的视野。

也就是说，这些方法都是在非常狭窄的视野内解决问题的方法，所以缺乏对业务的连结和对周边影响的考虑。

就像我们在 JIT 和 VMI 中看到的，一些举措对收货方企业来说有助于库存削减，但如果将视野转向供应商，就会出现没有大量库存积累就无法应对交货要求的问题。

“这是不同的企业，所以没关系。”或许有读者会提出这样的意见。但企业如果无法作为合作伙伴，与合作方共享风险与

利益，就无法实现永续性，而且有种种弊端。

假如JIT和VMI在同一企业内实施，库存只在一家企业内发生移动，总的来看没有区别，反而成了容易产生过剩库存的方法。

传统的管理方法用要素将供应商层层割裂，讨论眼前的仓库和工序库存的合理状态，在考虑业务的合作时，无法考量影响度。

企业要放开视野、纵观供应链整体，探讨库存管理的整合性。本书从下章以后，不再拘泥于眼前的库存管理，开始阐述设计整体、构筑库存管理的方法。

传统库存管理方法的缺点②：对被动决定的构造的认可

传统库存管理方法把现有的仓库据点和制造据点等当作已有条件，与探讨对象割离开来。但是，库存管理应该从设计在哪里建设库存据点开始。

下一章将针对选择库存据点、制造据点的供应链设计进行介绍。

传统库存管理方法的缺点③：缺乏需求的视点

前面阐述了基准库存的计算方法，对基准库存进行要素分解时，其中一个要素是“循环库存”。循环库存看起来似乎是被某个部门强加的，但其实不然。循环库存是充实一定未来时段需求的库存，对这个需求必须进行预测或计划。

换句话说，设定基准库存时，决定需求，即循环库存的基础的方法非常重要。该方法有“需求预测”“销售计划拟订”“生产计划”“物料需求量计算”等一连串业务。要运用基准库存，就必须决定这些业务的规则和业务流程。

很多库存管理的书籍几乎没有给安全库存计算的探讨留下篇幅，然而如果不严谨地设计应该如何建立即将成为投入的需求，就无法准确地计算基准库存。关于这种实务的业务设计方法将在第 7 章以后叙述。

传统库存管理方法的缺点④：前置时间

常见的安全库存计算方法中，计算安全库存时，对前置时间的定义都不甚明确。必须对前置时间进行要素分解，厘清基准库存计算中前置时间的合理定义。

“采购前置时间”是计划周期加上从订货到收货为止的总时间。“制造前置时间”是计划周期加上从发出制造指示到生产完成、交货为止的总时间。

前置时间不能一句话了事，要筛查出所有应考虑的前置时间，把所有必需的前置时间合计起来，并进行验证。

关于前置时间，时常有这样一个问题：“前置时间发生变动该如何处理?”如果想严密地探讨，将前置时间也取 σ，再乘以变动率，采用“标准前置时间+安全前置时间”在理论上也是可行的。但是，在这里加入统计处理价值不大，使用计划上定义的固定前置时间可以的话就足够了。

不过，前置时间变动的原因为生产能力不足的场合，将在第 178 页欠缺供给约束的视点展开叙述。

传统库存管理方法的缺点⑤：前置时间长的问题

传统的库存理论恐怕是以日本国内市场为中心，以能在较短前置时间实现采购的流通业和制造业为模型建立起来的。因此，常常无法适用于开展海外业务的企业的基准库存计算。

如果在日本国内，短短数日或数周便可完成采购、生产，因此只需相应的安全库存。但如果要向海外输送、要采用船运且距离遥远的情况下，前置时间就会变长。

假如采用船运向海外运输，全库存计算会有哪些变化？比如用船向欧洲运输，要花足足 8 周时间。再经海关及陆路运到仓库，假设需要 1 周。如果是制造业，有“计划前置时间”和“制造前置时间”，假定这里的计划前置时间为 1 周，制造前置时间为2周。合计为12周。

接下来是品目的假定，先假设需求比较稳定，“变动率”为30%。变动率是用σ除以平均值，表示σ的变动幅度指标。变动率为30%意味着σ相对于平均值有±30%的波动。

如该品目每周平均出货100个，σ就是30。

假设周需求量和循环库存的平均值一样，同为100个，安全率为3，取3σ。代入基准库存计算公式为：

基准库存=循环库存（100）+安全库存（$3\times30\times\sqrt{12}$）=100+312=412

即4周量的库存，似乎可以支撑。

但是，变动率为30%意味着这是非常稳定的品目。虽然决策取决于企业，但依我的经验，出货量很大的A类物资中维持在这个范围内的品目并不多。

那么，假设变动率为100%，借用上面的例子σ为100，也就是周需求有可能变成0，也可能变成200。这时，

基准库存=循环库存（100）+安全库存（$3\times100\times\sqrt{12}$）=100+1039=1139

基准库存量变成了11周量的库存。计算出要经常持有每周销售需求的11倍的库存，读者对此有什么看法？在我看来，这

非常缺乏效率。

但是，对很多企业来说，海外库存有11周的量并不算多。库存量比这更多的企业比比皆是。但是，如果适用该公式，就等于批准了大量库存的存在。

此外，从经验上讲，采用这个公式计算出的数字是11周，但有时企业会持有更多的库存。经常有大量的库存滞留、压迫资金，更会产生陈旧化的风险。

为了不持有大量库存也能及时满足需求，只能想办法缩短前置时间，然而只要采用船运，前置时间就无法缩短。

这种情况下的应对方法，一般为紧急时采用空运，安全库存上应该看的是“凭空运恢复的前置时间部分，可以恢复的数量”的方法。

在前面的例子中，如果采用空运，假设计划前置时间为1周，制造前置时间为2周，空运需要1周，可恢复4周的需求：

基准库存＝循环库存（100）+安全库存（$3\times100\times\sqrt{4}$）＝100+600＝700

库存得到很大缓和。前置时间较长的情况下，安全库存原本就是实际需求与预测的循环库存有出入时的缓冲库存，因此不直接采用实际的前置时间，按能够恢复的前置时间来考虑较为合理。

当然，空运的成本也会增加，因此要根据持续保管大量库存的成本和风险间的平衡进行判断。总之，不能墨守成规，拘泥于基准库存计算的结果，而要根据实际有意识地决定。

传统库存管理方法的缺点⑥：样本数量的问题

前面已经叙述了探讨安全库存时，实际数据样本数量过少，不足以进行统计处理。这种水平的业务，不要陷入为了统计而统计的误区。

传统库存管理方法的缺点⑦：欠缺供给约束的视点

传统库存管理只是单纯地计算所需要的库存数量。实际上，如果无法按照要求的数量供给，这种计算是画饼充饥，其对应措施不明确。

供给约束主要包括生产能力不足引起的能力约束和制造相关的构成品目的供给约束（零部件约束）。

为了应对这种制约，最初计划就要拟订初始计划，并根据供给约束再次拟订补正后可能实现供给的计划。也就是针对要求计划，答复考虑制约后的计划。

总之，要将计划转换成能力及部门员工都能够确保的时段。如果生产的是零部件，可以按比例分配，并以该比例拟订生产计划。

这些都是拟订计划时考虑到能力有限或零部件约束而采取的方法，对比传统的库存管理方法几乎不会叙述，只在生产管理的领域有少量叙述。但是，考虑库存时不讨论拟订计划的方法本身就是问题。本书对这些计划方法会在第 8 章进行介绍。

传统库存管理方法的缺点⑧：人为决策

传统的库存管理方法欠缺的最后一个问题是，对人的决策的反映。基准库存不是自然现象，而是以人类世界里的少量实际数据为基础的、人类做出决策的结果。

问题是理论书籍似乎带给人们一个误解，认为合理库存能像物理法则一样被精准地计算。应对风险应该到什么程度，这依赖于人们的判断。就像在安全库存一节（151 页）我们提到的，把安全系数设定成 2 或者 3，基准库存的数量随之变化。当然，安全系数为 3 时基准库存更高。那么，哪一个数字更恰当，取决于人对允许缺货的程度的判断及据此得来的计算值，归根结底依存于人的“决定”。

而且，即使用统计计算得出基准库存，最终可能还是要加进人的意思来决定。统计计算无法反映的信息必须人为补正。但统计理论没有深究这种人为决策和实际结果的关系，始终回避业务设计。

为此，本书随时会触及包含决策的业务设计。

第 6 章

对库存合理化的努力①
设计供应链

6.1 只靠现场改善无法实现库存合理化

光靠整理整顿库存不会减少

合理化的含义

“库存的合理数量是多少”“计算合理库存的方法有哪些”，参与各种各样的项目时，我经常接到诸如此类的咨询。我理解企业人员对把握合理库存水平的热情，我也在不遗余力地帮助他们实现目标。

但是，就像上一章里写的，像物理法则一样精准的合理库存是不存在的。人们将成本和风险放在天平的两端，“把这里定为合理库存，恰当地控制库存以时常维持合理库存”，这才是正确的发言。合理库存值并不存在，而是取决于它的定义。

实现库存合理化的目的是“不缺货，同时不产生过剩库存”。通常，重点被放在“不缺货”上。之所以如此，是因为如果没有库存，就无法生产、出货，用高昂的价格购入的设备就会闲置，经验丰富的作业人员也无事可做，甚至还会给客户带来麻烦，对交易造成重大的影响。

因此，应该如何减少过度准备的库存才是我们的课题。但是过犹不及，所以我们把库存合理化的活动称为“既不缺货也不过剩，维持库存以保持双方平衡”的活动。

库存在哪里

那么，既然想让库存保持合理，就先来看看库存在什么地方。前面介绍过的 124 页的图示展示了某制造业企业每个库存存在场所的库存数量。

根据这张图，可以得知库存偏向存在于销售点、代理商所在的市场部门和零部件供应商。制造业的工厂现场相对较少，其前后环节则很多。这或许是因为工厂致力于现场改善，而现状是工厂的现场改善无法期待更多的效果。库存合理化的目标是制品库存、原料库存和零部件库存，不是工厂在制库存。

应该整理的是业务，光靠整理整顿库存不会减少

那么，如果问制品库存和零部件库存如何才能实现合理化，就要整理业务，为了能恰如其分地控制库存，要将业务流程、规定与方法相结合。

很遗憾，现场改善方法中的整理整顿无法让库存减少。整

理整顿只能把业务上已筹备的库存如何保管、运输作为对象，是该场所有这么多库存存在的前提下的活动。换句话说，什么地方保存多少库存，是由业务上的决策决定的。只要业务不调整，库存就会存在。

通过整理整顿，库存有可能减少，说明企业的管理水平十分低下，或者企业规模非常小，此时大谈库存管理为时尚早。通常，不对业务进行某些调整的话，库存不会减少。

6.2 通过供应链设计实现库存合理化

仅从库存削减的视点，无法减少库存据点

库存据点决定了库存的存在

如果企业追求的是业务整体的库存合理化，那么首先要重新审视“库存据点”本身的问题。库存据点，换一种说法就是仓库。

企业经营历史越长，就会在各种各样的地方建立仓库。过去的历程决定了仓库的所在。但是，顾客、市场、本企业的组织形态、运输形态日新月异，许多企业仍然沿用着以前建设的库存据点。

我的客户中就有过这样的企业。让我们暂时把它称为 A 公司吧。

生产半导体制造装置的 A 公司，为全球许多的大客户提供产品。提到半导体，这是一个工厂全天稼动以收回投资的产业。装置故障、制造停止的话就会出现大问题。A 公司由于装置故障时，维修零件无法被及时送到，致使顾客流失。帮助 A 公司着手开展改革项目的我听到 A 公司当时的库存据点后非常吃惊。

首先，维修用的零部件位于山区工厂的零部件仓库，一下雪就无法出货。

维修零部件从工厂出货后，先要转运到地区仓库。此后，在包装仓库进行运输包装，转移到位于总公司的保税仓库以后，再转送到等待通关的海运仓库。即使从工厂仓库紧急出货，也要花上 4 天到 1 周时间。而顾客提出在最短 4 小时、最长 24 小时以内进行维修。

项目团队为了解决这个问题，在机场附近设置了一个叫“全球部件中心”的维修零件专用仓库，推进改革，最终达成了 24 小时内将零部件送达客户手中的目标。在这里，一口气缩短了运输前置时间，集约多余的库存据点、削减了滞留库存。

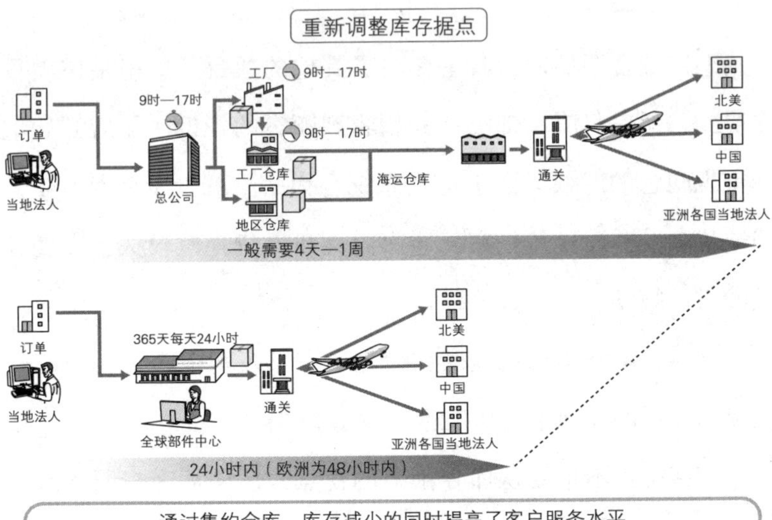

同样，在企业发展历程中到处建设仓库、库存逐年增长的企业数不胜数。通过重新研究和集约库存据点，大幅减少库存的同时，还可以提高客户服务水平。

库存削减一边倒，无法减少库存据点

但是，库存据点不能一味地以库存削减的视点来推进。我的另一家客户遇到过下面的问题。

B 公司是一家运输机械生产商，以物流部为中心启动了库存削减项目，检讨仓库的统合，开展将全日本的仓库统合为一的改革。由于库存据点减少，不再有重复的库存，B 公司实现了库存的大幅削减。

仓库统合开始时，我去参与了其他的项目。这正是该项目在受到公司表彰时，却突然开始收到顾客的投诉，然后开始重新审视问题的时候。由于把仓库统合为一、减少了库存，B 公司缺货频发，而且从东京的仓库向九州发货耗时较久，交期延误的投诉频发。

最终，B 公司当机立断，设立了东、西两个仓库据点，在缺货和投诉的风暴中成功生还。

库存据点不单要从库存削减的视点，还要从客户服务水平的视点进行改善。

虽然如此，对 B 公司来说，对老旧的库存据点进行改革，实现了库存削减与客户服务水平的维持。长远来看这是一项好的举措。

经常看到许多企业不对老旧的库存据点做调整，继续经营业务的例子。库存据点的重构对库存削减和客户服务水平的改善起着积极作用。

而且，如果计算基准库存之前，库存据点本身消失的话，就无需多余的管理和合理库存计算，保管库存的成本也会减少。

重构库存据点、重新设计供应链，是达成库存合理化的一种方法，所以，如有机会需要经常重新探讨。

6.3 供应链设计①多级配置

划分仓库等级、物料等级

库存是顺其自然地放置在库存据点的

没有必要因为库存据点是确定的，就把所有品目都放在此处。把恰当的物料放在恰当的场所即可。

但是，实际情况是库存是自然而然地放置在仓库里的。就算去问为什么要把这些物料放在这个仓库，也很少得到明确的回答。常见的答案为不是哪个人决定的，只是从以前开始就存放在这里了。这样的例子数不胜数。

哪项物料应该存放在何处，企业没有明确的意思，只是负责人在自己的业务范畴外围兼职负责，这样的企业大概很多。于是，各处据点库存不均，一处始终过剩，另一处反复缺货，转运频发。

仓库要有目的，物料要划分等级再进行配置

整理好仓库据点以后，接下来要决定仓库的目的和作用，

划分仓库等级。分类成“中心仓库”、中转基地“地区仓库”、位于客户附近的“保管所”。

接下来，各种仓库级别应该配置哪些物料，要划分物料等级，向各级仓库配置。划分物料级别时，可按照以下指标探讨。

· 出货频度（流速）

· 交期（采购前置时间）

· 价格

· 临界值（供给必需品。由合同等决定）

· 保守契约

· 制品年龄

· 制品目录

· 出货量（流量）

· 收益性

· 大小、重量、运输成本、保管成本

· 新鲜度（使用期限）

· 零部件的维修

· 交货允许的前置时间

但是，指标过多反而会产生混乱，所以最多取两个指标建立模型进行配置。下面的图表是实际进行多级配置的例子。

多级配置示例

实际探讨时的项目

出货频度（流速）
交期（采购前置时间）
价格
临界值（供给必需品。由合同等决定）
保守契约
制品年龄
制品目录
出货量（流量）
收益性
大小、重量、运输成本、保管成本
新鲜度（使用期限）
零部件的维修
交货允许的前置时间

非库存品

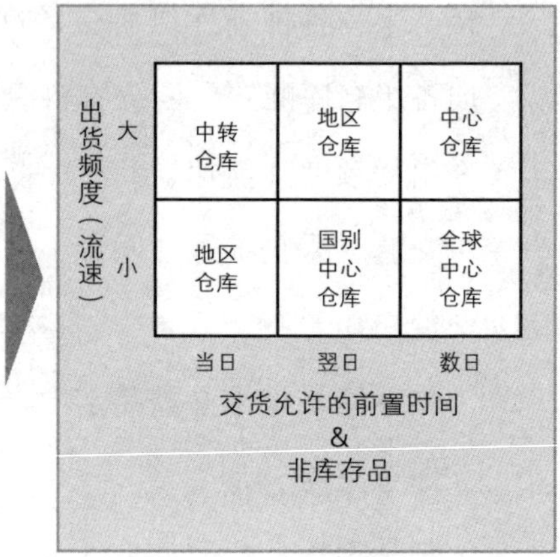

6.4 供应链设计②
生命周期配置

库存配置要配合生命周期重新进行探讨

根据生命周期重新考虑库存配置

上一节介绍的方法反映的是在量产时间点、物料生命周期内也能运用于稳定期的理念。但是，有时候要在不同物料生命周期的建立期（初期）、稳定期和衰退期（EOL：End of Life）对库存配置进行细致入微的重新探讨。

我们来把生产半导体制造装置的 C 公司的案例作为具体例子。C 公司在完成半导体制造装置的同时，事先预想哪个零部件有可能损坏，在全世界配置了维修零部件仓库。

但是，这种方法存在很多的问题。首先就是“装置出货后不会立刻发生故障”这一点。大多数场合，都是过了两三年以后，才开始出现故障。C 公司采取安全措施，从新产品出货时就配置好了维修零部件，然而大多数零部件都放在仓库里好几年不会被使用，只是增加了库存。

第二个问题是“长期滞留的库存的劣化”。没有被使用的长期保管的电子原件和功能部件会发生劣化，需要时拿给顾客的话不通电、品质劣化无法组装，就会造成伤及信用的重大问题。结果，还是得替换不能用的维修零部件进行修理，花费额外的成本。

第三个问题是“由预测不准确引起的库存滞留和废弃”。在出货的同时配置在全世界的物料最终按照预测没有故障，几乎没有被使用却成了不良库存，我经常看到这种状况。结果，库存最后只能报废。

像这样，从产品生命周期的初期开始在全世界配置库存的浪费很多，所以 C 公司改用生命周期配置。

根据生命周期改变库存配置场所

生命周期要分成建立期、稳定期和衰退期进行探讨。例如，建立期的消耗品出货频度也较高，库存据点应该往下游配置（存放点和地区仓库），功能部件进行上游配置（中心仓库）。功能部件集约在中心仓库以减少库存，并且回避超出预期的滞留库存。

进入稳定期后，即使与上一节级别配置时的指标相同，也可进行相应的探讨，基本上仍是出货频度和要求前置时间。

到了衰退期，再次将库存撤回上游，回避周期终点下游仓库大量库存剩余及滞留的问题。

根据生命周期配置部件

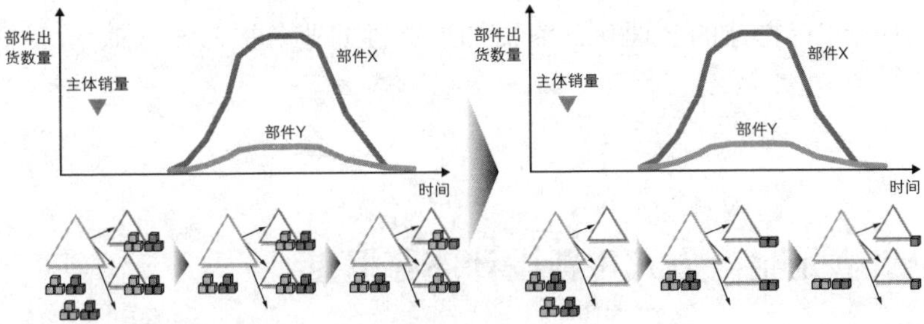

部件库存从生命周期之初就停滞不动　　考虑生命周期、统筹库存

这种根据生命周期进行库存配置的方法，无论是汽车企业还是维修零部件都在采用。C公司的例子中我们用维修零部件进行了示例，但理论上制品也一样，应该开展与生命周期相契合的库存配置，合理控制库存。

6.5 供应链设计③ 临界点

实现库存构造的合理化，为更加战略性的业务扩大做贡献

立足生产方式重新设计库存据点

库存的级别配置是通过制品和维修零部件（将其也作为制品处理）的配置事先将库存合理化的尝试。如果是制造业，就要重新探讨生产方式，可以选择是以制品形式在库、半制品形式在库，还是以原材料、零部件的形式在库，重新配置库存。这种方法叫作“顾客订单分离点设计”。

顾客订单分离点又叫顾客需求切入点。库存到达顾客订单分离点为止，是以基于预测和计划的“推动型”制造。分离点以后，则根据订单等的实际需求进行“拉动型”制造。

顾客订单分离点在顾客要求的前置时间较短时，设置在下游，采用预测生产和销售库存的设计，接到订单后就可立即发货。相反，如果要求的前置时间较长，就暂时不实施成品化，而以半成品和零部件的形式在库，接到订货以后再生产成品。

将顾客订单分离点设定在供应链较为上游的位置叫作“延期化”，设定在下游叫作“投机化”。“延期化”程度越高，计入库存的成本越少，库存的附加价值越低。“投机化”则意味着以制品的形式在库，所以成本累计，库存的附加价值高，具有一定风险。

如果按生产形式分类，将顾客订单分离点设置在下游的是库存销售（STS：Stock to Sell）和备货型生产（MTS：Make to Stock）。生产到中间工序、接单后进行最终组装的是订货型生产，又叫作 ATO（Assemble to Order）、BTO（Build to Order）、MTO（Make to Order）。进一步延期化，接单后开始设计的是按订单设计生产，英语缩写为 ETO（Engineering to Order）。

延期化和投机化

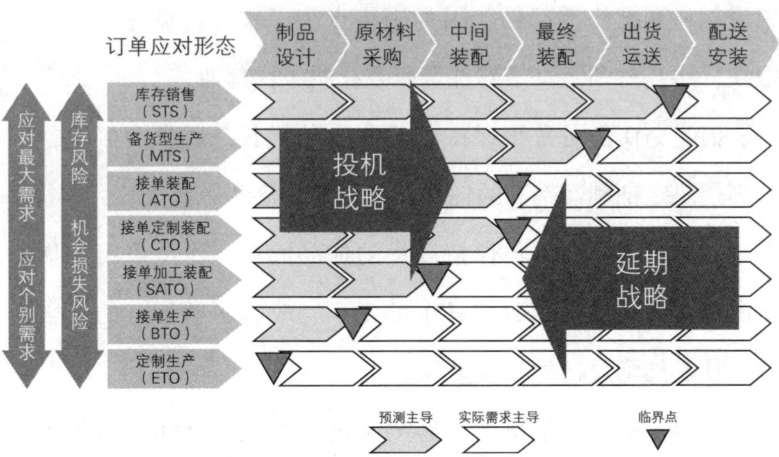

顾客订单分离点前后，按计划进行的推动型业务叫“计划主导业务”，基于订单的拉动型业务叫“实务主导业务”。

通过顾客订单分离点的重新设计实现库存合理化

我曾经在与客户的供应链改革项目中，重新设计了顾客订单分离点。这是一家生产医疗器械的公司，让我们称之为D公司。

D公司装配昂贵的医疗器械，其销售点遍及全球。由于设备价格高昂，销售不出去的话就会多年积压在仓库，库存负担很大。一方面，医疗器械上要使用耗材和维修零部件。这些制品周转迅速、利润可观。尽管很赚钱，但D公司并没能积极地销售耗材和维修零部件。因为销售点为了维持机械库存，资金短缺，将耗材和维修零部件全权委托给了代理商。

但是，D公司常年保持着两位数的增长，成长力巨大，于是高层决定把利润率高的耗材和维修零部件集中起来扩大销售。

在这里，公司不再保持高昂的成品库存，而是采用备货型生产，将半成品库存放在日本的工厂，改善了销售点的资金运作，使其能配置耗材和维修零部件。

如果了解高额器械的顾客要求前置时间，就知道由于还要在医院安装调试，交期在两星期到数月前就确定了。也就是说，决定安装日期以后再进行最终组装和运输也完全来得及。这样一来，高额器械将顾客订单分离点向上游“延期化”，也消除了库存滞留的风险。

包括医疗器械、耗材、维修零部件在内的库存总金额下降了25%。耗材和维修零部件的销售额增加了，没有对器械的销售造成不良影响。

像这样，顾客订单分离点实现了库存合理化，为更加战略性的业务扩大做贡献。

临界点能够促进库存实现合理化

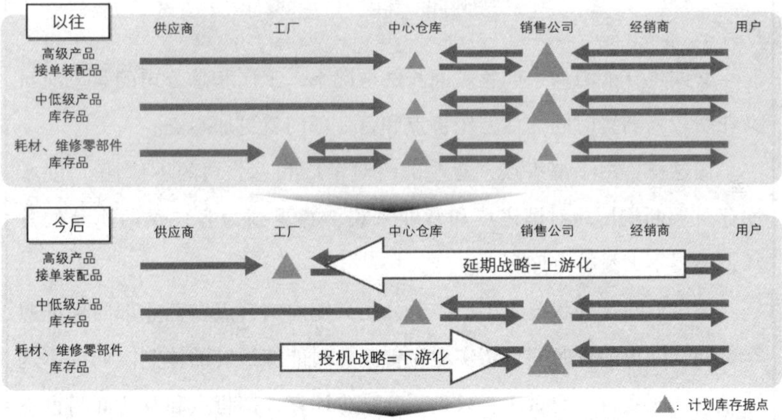

临界点上游化，库存金额减少了25%。耗材、维修零部件的销售收入增加

专栏

避免心理不安的“安心库存”

带来不安的库存不能光靠语言抑制

如果工厂和总公司按照要求运输库存，销售点和营业部门就不会持有多余的库存。然而，销售点和营业部门从过去的痛苦经验中获得教训，决定持有富余的库存。

销售点和营业部门普遍都认为工厂和总公司遵守交期的能力不强。由于它们遵守不了交期，销售点和营业部门出于不安就要多持有库存，库存到库的前置时间也很长，因为担心这期间发生缺货，更要多持有库存。

交期遵守能力弱、前置时间长的情况下，工厂和总公司的紧急应对又花费较长前置时间的话，销售点和营业部门就更加不安。

像这样，由于销售点、营业部门对工厂和总公司的不信任，“安心库存”不断积压。对销售点和营业来说，感受到为客户供给商品的责任，不得不大量持有库存。

为了消除这种状况，工厂、总公司只能向销售点和营业部门保证遵守交期、缩短前置时间，切实地完善紧急时能够回转的体制。如果不这样做，不改变自己的做法，只是呼吁减少库存，销售点和营业部门也不会听信。

销售点和营业部门的这种对应是珍视顾客、重视企业永续性的体现，企业应该给予配合。

第7章

对库存合理化的努力②需求预测、销售计划流程的合理化

7.1 有多畅销、能卖多少才是最初的出发点

需求信息包括订单、需求预测、销售计划三部分

不考虑需求预测和销售计划的库存理论是不完善的

一些库存理论的相关书籍把焦点完全放在安全库存上，疏于提及必须用库存进行应对的“需求”。这是一个巨大的疏忽。

应该保持多少库存是由如何预测未来需求决定的，如果需求预测错误，预计了庞大的库存数量，或者远远不足以供给需求，都会产生问题。

循环库存是需求信息

请回想一下基准库存的计算式。在第 5 章，我们将基准库存作了如下分解：

基准库存=循环库存+安全库存

这里出现的安全库存的探讨方法已在第 5 章说明，但“循

环库存”的概念还没有涉及。许多库存理论的相关书籍到这里就结束了，结果是遗漏了循环库存的探讨，或者分离出来在另一本需求预测的书籍里进行阐述，这样就不得不由实务人员自己填补需求预测和库存理论之间的鸿沟。

循环库存就是需求信息，这一计划的制订是基准库存另外一个重要的主题。第 7 章将会提出“需求预测”和“销售计划”的概念，揭开它们神秘的面纱。

需求信息包括订单、需求预测和销售计划

需求信息有订单、需求预测和销售计划三种。它们本来就不是独立存在而是相互关联的，如果不厘清其关系性并进行定义，就无法获得准确的需求信息。如果要反映大大小小组织的形形色色的疑虑，需求信息的误差会越来越大，我在许多企业目睹过这种情况。

要认真地分解和定义需求信息，对每一类信息进行识别和探讨。

订货由需求预测和销售计划决定

那么，让我们来思考一下需求信息中的“订单”是什么。

订单是来自顾客的确切信息。作为需求信息，订单是最可靠的一种（当然，也有一些频繁发出变更的客户）。

如果是按订单生产，因为是按照订货数量生产，可以认为最终制品的需求信息等于订货量。但是，很多情况下顾客订货的前置时间较短，不得不进行备货生产，事先准备好制品库存。这种情况下，可通过需求预测和销售计划，有计划地决定需求信息，开展生产。

可以认为订货是需求信息作为通过需求预测和销售计划等决定了的“计划值”，处于已经确定的状态。因此，可以认为订货期间的需求信息是替换了需求预测和销售计划的需求信息。作为实际订单数，“计划值”成了“实际值”。

订货量如果比作为“计划值”的需求预测、销售计划更大，即使筛选信息也仍然有问题。例如，刚刚做出 100 个的销售计划，却接到了 120 件订货，需求信息由 100 更新为 120，就要检验安全库存能否满足超出预期的部分。

但是，如果订货量较少呢？销售计划是 100 件，订货量是 60 件的话，就要替换成 60 件。

这和时间点也有关，如果订货时间仍有剩余，还有可能增长到 100 件，不必替换。但是，如果已经到了可以认定订货量不会增加的时间点，就要替换为 60，超出预期的库存只能剩余。订货量虽然是由需求预测和销售计划确定的，但在什么时间点把哪些信息作为需求信息，需要深入地探讨。

在需求预测里加入“意图”就是销售计划

只要不是订单生产，就不得不计划性地进行生产、采购，必须采用“需求预测”或“销售计划”作为必需的循环库存投入的需求信息。

需求预测和销售计划常常没有明确的定义。然而，语言暧昧意味着业务本身模棱两可，本书要对其作明确定义以便使用。

将“需求预测”定义为预测出的需求数量，是被参与业务的人的意愿干扰的预测值。

将“销售计划”定义为人为补正需求预测，为包含销售意愿的数值，是一个计划值。

通过这样的定义，可以认为需求预测充其量是预测值，是没有反映促销和打折等人的意愿而决定的市场活动的预计数量。

一方面，销售计划是根据人的经济活动、人的意愿决定的数值。即使需求预测显示只能卖 100 件，通过促销活动卖出 120 件或者通过谈判顺利卖出了 140 件，销售计划可以定义为包含了这些意愿的计划值。

这种识别也是组织性的角色分担。例如需求预测负责人进行需求预测，市场部和营业部开展各种各样的市场营销活动，对预测值有意识地进行补正，将其变成具有销售责任的计划。需求信息不能顺其自然，而要作为商业活动慎重决定，进行管控。

预算和目标计划的识别很重要

但是，关于销售计划的定义还有需要注意的点。这是一个微妙的问题，为准备库存使用的销售计划和预算，以及目标计划要区别使用。

预算和目标值有时是远比现实性的计划更努力才能达成的数值。假如采用预算和目标值，需求信息就会远离实际趋势，结果可能准备多余的库存。

需求预测、销售计划、预算之间的关系

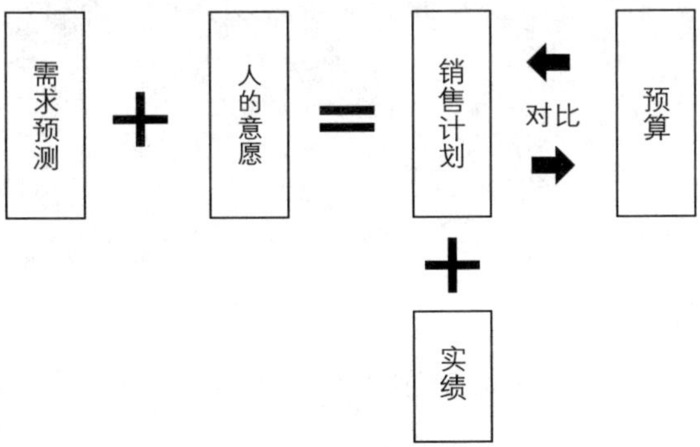

近年，由于企业的销售额已经不太有直线上升的可能，如果配合过剩的预算准备了库存，资金运作就会受到阻碍，甚至有陷入经营困难的风险。

因此，要把销售计划与预算、目标值割离开，来管理循环中的预算—计划（预计）—实绩对比。

例如将预算、目标值与销售计划、实际销售额对比，加强市场措施实现销售计划，或者将其作为根据实际趋势调整预算、目标值，调整利润计划本身的契机等，有助于预算和实际对比的循环。

7.2 需求预测方法的种种

人为预测、统计性预测

需求预测本来就不准确

“销售计划”是对未来的假想，制订计划也需要需求预测，需求预测充其量是发展趋势上的预测，是还没有包含“这件产品一定会畅销”的企业意志的数字。

我在很多企业都经常听到这样一句话：“我们公司需求预测的准确度很低，如果能够提高预测准确度，库存就能实现合理化。”但是，这几乎不可能实现。当然，结果也取决于准确度的设定，但如果认为需求预测一定会成功，就很可能陷入没有结果的议论。

需求预测本身是对未来的预测，不可能百分之百成功。

以我的经验，如果能将预测和实际数据的误差控制在±10%以内，预测的准确度就已经非常高，能控制在±30%以内也已经相当高。通常，预测与实际的偏差要更大。

无论是人为预测还是统计预测，都无法预测出现实世界的瞬息万变。作为预测基础的实际数据（样本）是有限的。而且，还受到人类的活动、电视节目的误导信息、世界经济的动向、气候变化、自然灾害等种种因素的影响。人类的世界不是理想性的数学世界。

我收到过 E 公司为不能使用预测系统而困扰的咨询。这家公司花费数亿日元建设需求预测系统，结果不能使用，希望得到我的帮助。

我访问 E 公司并进行调研，发现它在使用非常复杂的数学模型。该公司邀请大学统计学的教授进行合作，建立了利用数学模型的统计需求预测系统。执着于大学教授理论上所谓的“这样就能准确预测”，研发费用高达数亿日元。

但是，这是一套毫无实用性的系统。统计需求预测使用的实际数值不是数学上的理想模型，它会随着人类的商业活动和天气等因素发生偏差。消除这些偏差需要花费大量的时间，消除偏差的论据也站不住脚，修正的实际数值过于庞大，难以把握。结果，修正数值过于复杂，而且使用了原始数据，导致预测数值不可靠，无法使用。

随着时间的推移，预测模型本身也开始出现毫无根据的数值。现实在不断变化，在数学上过于困难，任何人都无法进行统计模型的维护。

此后，这家企业还想办法提高预测准确度，又投入了不少人力，但我很快就判断出这种机制无法使用。人为预测远比系统更加准确。

毕竟，现实不是像数学世界一样的理想世界，为了预测投入过多资源是不值得的。需求预测只有借鉴意义，应该保持在人类能够理解、运用和维持的水平。

即使如此也有必要进行预测，只需处理失败的预测

尽管如此，探讨未来的需求时，仍然需要如此。换言之，不是放弃预测，而是粗略地预测后，了解预测值具有的风险，掌握预测失败的情况即可。

我们已经掌握了“持有安全库存”这一应对预测失败时的对策。也就是因为持有预防预测不准的安全库存，要完善预测的准确度。

不能否定提高预测精确度的努力，因为这也是必要的，为了不犯预测追求百分之百的错误，投入和成本相平衡的需求预测方法很重要。

为此，要掌握各种各样的需求预测方法，并能够在其中选择。

需求预测的方法

那么，让我们来看一下需求预测都有哪些分类。大致有两

种分类，第一种是人为预测，第二种是统计性预测。

人为预测是指人进行预测，是人赁直觉、经验和胆识，在大脑中思考、预测的方法。实际上，到今天为止，人为预测仍然是需求预测的主要方法。

统计性预测，顾名思义，就是基于统计理论的预测，利用统计模型进行计算。统计模型也能大致分为两种，一种是简易统计模型，另一种是采用数学模型的高级统计模型。

采用这三种方法中的哪一种，要根据构筑需求预测模型的成本、运用上的便利程度，以及人能否持续理解和维持来进行判断。

如果既无需成本又不花费人力，统计知识匮乏，不想在统计模型的维持上花费工夫，就应该采用人为预测。

如果有一定预算，了解统计预测的含义，有能力维持模型，可以选择简易统计模型。一方面，高级模型如果不能请来专家筛选有偏差的数据，进行复杂统计模型的指标调整和模型再选定，就不应该采用，本书将在专栏（第 236 页）介绍。如果无论如何都想采用，请参考统计预测的专业书籍。

根据这种方针，应该采用哪种预测，考虑需求预测的业务之际，建议在一开始就制定好方针。如果不这样做，就会进入为了预测而预测的迷宫。

7.3 人为预测也有用

测定预测的准确度，并且时常有提高预测准确度的意识

运用“KKD”的人为预测并没有被抛弃

需求预测最简易的方法是人为预测。即不使用统计等数学模型，人为进行预测。

说到底，在实务的世界里，作为样本的实际数据太少，不足以进行统计预测，在并非数学性理想世界的现实世界中，人们根据直觉、经验和胆识也能够做出比较可靠的预测。

我在许多企业参与过需求预测环节的设计，人为预测的准确度并不低，达到±30%的例子有很多。

即使不消除偏差、筛选数据，以用于预测，观察实际数据，就能够在头脑中判断“这时出现这种事态，这个数据是异常值”，发现偏差数据，进而准确预测。这的确存在依赖经验的一面，如果能够深入思考，联系过去的教训及其造成的影响，就能做出相当可靠的预测。

人为预测需要留意的点

当然，人为预测也有缺点。第一，预测的准确度被经验左右。熟手和新人的差距非常大，由不同的人来预测，准确度可能有很大波动。

第二，预测业务没有标准化，预测的方法没有被第三方验证，以及方法无法维系的问题，导致即使责难负责预测的人员也无法提供组织性的业务支援，业务知识也变得很难传达。

第三，如果品目数量过多，细致入微的预测就变得困难，预测越来越不严谨。

第四，预测准确度还会随着工作的繁简程度而改变，质量参差不齐。

这些缺点归根结底只能人为地应对和改善。在压缩成本的意义上，进行人为预测也有优点，所以要测定预测的准确度，并且时常有提高预测准确度的意识，努力维持质量。

而且，要使预测和实际数据实现可视化，在支援人为预测的同时，通过分析以往的准确度水平，回顾预测出入较大的原因，可以提高将来的预测水平。需求预测不要过于依赖个人能力，要以组织的身份力所能及地进行支援。

7.4 活用简易统计预测

移动平均法、指数平滑法、季节变动法

简单易懂的统计预测

通过利用简单的统计模型构筑需求预测，方法可以更加简便。当存在通过人为预测无法应对的品目时，可以采用简单的统计模型，使需求预测更加高效。

经常被采用的简易方法有移动平均法、指数平滑法、季节变动法。这些预测模型无疑都是统计模型，分类上属于“自回归模型”。自回归是指以自己的实际数据（过去）为基础（回归）建立模型进行预测。下面分别来简单地看一下。

①移动平均法

对过去一段时间内的实际数据值取平均数，以预测未来需求的方法叫作“移动平均法”。例如，从过去3个月的销售实际数据值的平均数，预测本月的需求。

这是过去一定时间内的平均数量，将来也能卖出的品目的统计预测方法。

计算公式

样本数据

月	8			9		
日（t）	29	30	31	1	2	3
出货实际值（N_t）	100	120	140	115	200	50
统计预测值（P_t）				120	125	151

例：假设期限为3天（L=3）时9/1的统计预测值$P_{9/1}$为：

的影响是 0.9，上上个月的影响为 0.1，本月的销售预测值为上月的实际数据值乘以 0.9 和上上月的实际数据值乘以 0.1 相加。

③季节变动法

每个季节与去年同一时期发生相同销售波动的情况下使用“季节变动法”。比如在圣诞节商战中或者在年末销量很高等具有变动性的场合。

过去实际数据值最少需要 3 年的统计。1 年或 2 年样本数少，准确度会出现问题。此外，这种方法还受到节假日变动的影响，发现过去和现在应该预测的时期的日历上的差异，思考直接采用预测还是进行一定的补正。

季节变动法

计算公式

$$P_t = \frac{\sum_{l=1}^{K} N_t^{l}}{K}$$

P_t：t天的统计预测值

N_{tl}：去年同期t天的出货实际值

K：设定的期限（年）。1年以上3年以内

样本数据

月	8			9		
日（t）	29	30	31	1	2	3
3年前的出货实际值（N_t^3）	100	120	300	67	166	150
2年前的出货实际值（N_t^2）	80	180	410	115	180	88
去年的出货实际值（N_t^1）	150	80	250	111	200	50

例：假设期限为3天（K=3）时9/3的统计预测值$P_{9/3}$：

$$P_{9/1} = \frac{N_{9/1}^{\ 1} + N_{9/1}^{\ 2} + N_{9/1}^{\ 3}}{K} = \frac{111+115+67}{3}$$

$$= 97.67 \cong 97$$

季节变动模型为了让计算更加简便，有时会采用取每个预测时段过去 3 年的数据绘制波动图的方法。一方面，从实际数据值画延长线，计算与过去同时期倾向线相差多少的“季节变动比率”，根据倾向线绘制波动图的方法。后者的计算方法更容易在模型中体现预测是在增加还是减少的趋势（倾向），所以也被称为季节倾向（模型）方法。

简易统计预测需要留意的点

除了以上说明的代表性模型外，还有集中简单的方法，实务中只要知道这三种就可以了。简易的统计预测方法便于理解，也容易向他人说明，是一种便于让业务实现标准化，改善和维持业务的方法。

但是，模型准确度的问题和实际数据值的偏差问题依然存在，运用时要做好需花费额外工夫解决的心理准备。

7.5 实际数值中没有再现性的异常数值的处理方法

利用系统或人为排除

为了预测准确，异常数值必须排除

实施统计预测时，通常由于实际数值中有异常数值，直接根据这些数值预测的话会出现不合理的结果。进行统计预测时，要排除异常数值，用“干净”的实际数值进行预测。

话说起来简单，但异常数值排除并不容易。首先，观察实际数值时，判断其是否是异常数值非常困难。异常数值指的是没有再现性的实际数据。比如由于促销活动销量上升、台风过境导致销售下滑、因为偶然出现的事物现象销售发生增减，异常数值是没有这些现象就不会出现的数值。

判断一个数据是否为异常值时，必须验证该数值是由怎样的因素导致的。例如是工厂内发生事故不得不紧急大量出库，或者偶然出现在有影响力的电视节目中而突然走俏，如果明确原因，就能判断是否为异常值，进而决断是否排除该数值。但如果不是能够特定原因的状态，就很难判断如何是好。

用统计方法自动排除异常数值

作为无法判断异常数值原因的场合（有时也称为白噪声）的对策，有通过统计自动将其排除的方法。

例如，用过去的实际数值预测过去（也叫“过去预测”），偏离某一范围（例如 3σ 以上）的话就将其排除，或者单纯地排除最大值或最小值。

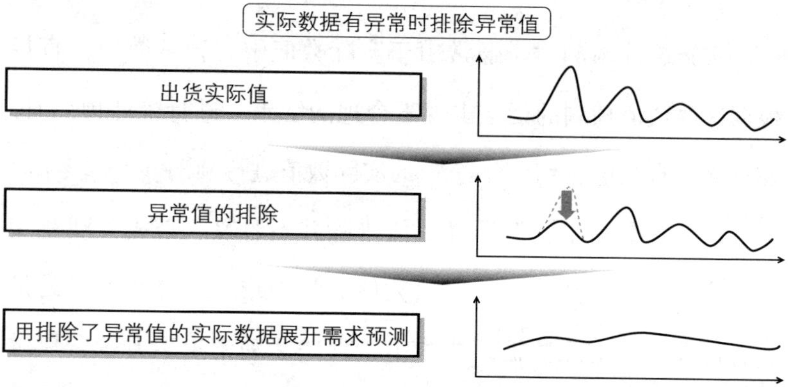

这样一来，不用逐一判断也能将异常数值排除。当然，原本并非异常数值的数据被排除的可能性也不是没有，没有仔细核查的情况下，机械地将其一律排除也是一种办法。

由系统自动选择统计模型

近来，统计预测系统日新月异，甚至出现了具有根据过去的实际数值自动选择恰当的统计模型的功能的系统。

利用这种功能，异常值就能被自动排除，实现模型化，不仅更加便于使用，还提高了效率。

但是，由于模型的选择是“黑箱化”的，也有可能不能强化对统计和需求预测业务的知识见解，是不花成本地依赖系统，还是培养专家，这一点很难抉择。

人为地排除异常数值

要想不依靠系统排除异常数值，就要由人逐个排查异常数值。如果是机械性地排除无论如何都存在风险的品目和高额品，不得不细致入微地用人眼核对的重要品目等，实施人为排除更好。

7.6 新产品销售开始和结束时的需求预测

既有利用过去实际数值的例子，又有不利用的例子

新产品开售时期的需求预测

需求预测上有一些比较特殊的时间点。其中之一就是“新产品的开售时期”。由于是新产品，需求预测没有过去的实际数值可供参考，预测起来要花一番苦功。

单纯的方法是人为预测，即参照过去类似产品的实际数值来进行预测的方法。或者视市场规模，预估新产品能取得多少份额，预测中也包含了期望性的观测。

前面已经强调过，需求预测应该与预算、目标值严格区分，在新产品的预测中，这种区分尤其困难。由于没有过去的实际数据，目标数值可能先冒出来。

通常，新产品计划和库存计划是一体的，在问世之前，也会积压库存。最坏的情况是，可以在看到这些积压的库存风险的前提下，将目标数值作为需求预测，据其制订销售计划。

另一方面，如果想对新产品进行统计性预测，可以利用

以往类似产品的实际数值。大多数新产品都不是世界上曾经没有的东西，而是换版或者经过改造问世。因此，根据过去同类产品的实际数值来预测也是可能的。这些产品叫作“后继品”。

但是，无论采取哪种方法，新产品的需求预测仍非易事。一定要说的话，我认为相比追求预测的准确度，构筑预测失败时能够迅速增产或减产的体制更有意义。

参考类似商品的实际值进行需求预测

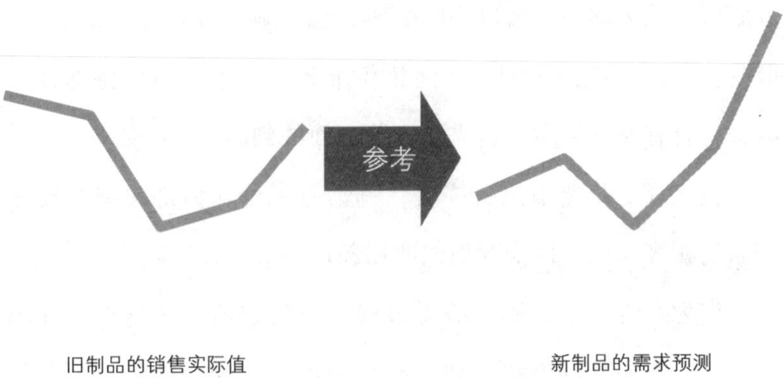

终售时期的需求预测

需求预测上，还有另外一个特殊的时间点：终售时期。关于终售，有“进行需求预测的场合”和“取得最后订单的场合”。

进行需求预测的场合，不能原封不动地采用过去的实际数值。因为终售时期和平常时期不同，必须面向终售时期进行需求逐渐衰减的预测。进行衰减预测以后，继续断断续续地生产，最后取得宣告生产终了的生产订单，筹备好渡过终售期的库存就算结束。衰减预测很困难，不要追求准确度，报废或接到顾客订单的话也以“已终售”为由拒绝。

很多制造企业对终售和生产终了不严格规定，始终保持小批量生产、花费着制造成本。

一些制造企业甚至数十年延用维修配件和维护用具等，这方面属于政策问题，所以判断哪种做法正确，要看企业的意愿。但是，本公司进行预测、为终售做准备，在本公司保持库存意味着一直有库存风险，这需要企业方面的判断。

我建议企业严格执行终售，哪怕有无论如何都想继续使用产品的顾客，也应该推荐他们改用新产品。

作为终售对策，还有取得最终订单的方法。这是把库存风险转移给购买方的方法，如果有订单就生产相应的量，没有订单就不生产。

想要确保配件的订货者会不情愿地发出订单，甚至还会陷入订购 2 年份、3 年份的困境。

如果顾客比较强势，会打破最终订单的规定，断断续续地发出小量订单，这样制造成本上升，这种情况也很常见。

关于终售，不单是制造的问题，与企业的营业活动、客户服务也密切相关，因此不能让某一个部门随意决定，制造、销售的组织也要考虑营业对应、最后的报废、收购等对策，综合进行决策。

进行面向终售的需求衰减预测

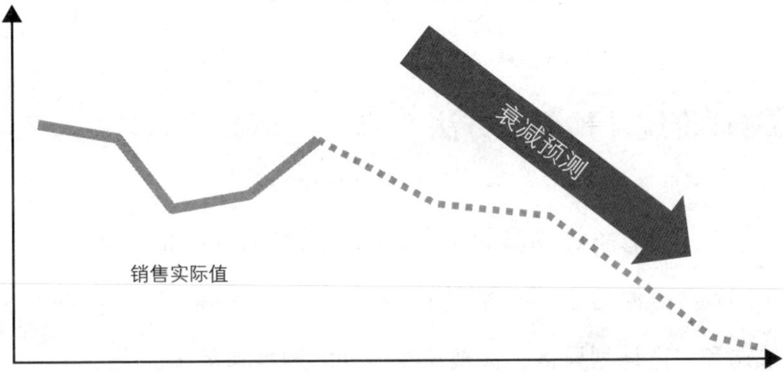

7.7 评价统计预测的主要指标

误差率、绝对误差率、标准误差率

评价统计预测的方法

对于进行统计预测的企业，统计模型的预测精度常常是一个问题。预测落空时，销售计划失常，产生库存积压或缺货，采购和生产计划异常，甚至需要额外的调整和运输。

对统计预测的准确度必须经常测定。

此外，选择统计模型时也要用同样的方法测定和评价，选择恰当的模型。

测定统计预测准确度的方法主要有三种。

①误差率

用预测值减去实际数据求得差额的方法。例如当预测值为50，实际数据为 80 时，可得实际数据偏离了+30（=80-50）。因此，预测误差率为+60%（=30/50）。

这种方法在比较单次的预测时有效，预测次数多了的话，正误差和负误差相抵消，准确度看上去会比实际的高。

例如预测值为50，实际值为80和30时，误差率分别为+30%和−20%。二者相加等于10〔(+30) + (−20)〕，计算出误差率为10/(50+50) = +10%，就会得到优于实际情形的评价。

②绝对误差率

这项指标是取实际值和预测值的差异的绝对值。利用上面的例子，计算出误差为〔(+30) + (−20)〕/100 = (30 + 20)/100=50%。

③标准误差率

还有一项指标是不取绝对值，而是通过求平方根来计算误差的“标准误差”。

统计预测准确度的测算方法

$$误差率 = \frac{\sum(实际值 - 预测值)}{\sum 实际值}$$

表示总量的差异

$$绝对误差率 = \frac{\sum |实际值 - 预测值|}{\sum 实际值}$$

表示实际和预测的差异（绝对误差）

$$标准误差率 = \sqrt{\frac{\sum(实际值 - 预测值)^2}{\sum(实际值)^2}}$$

表示实际和预测的偏差（标准误差）

再用上面的例子，求［900（30^2）+400（-20^2）］/5000（50^2+50^2）的平方根，得到51%的误差值。这一指标在实绩值较小时，有缓和影响的效果。

使其能够用于统计预测的拟合作业

一边对比这些指标，一边选择统计预测模型、调整参数，使其变成恰当的形式的作业叫作“预测的拟合”。比如采用指数平滑法时，加权的 α 值应该设为 0.9 还是 0.8，这样来进行调整。

这一部分已经进入了统计专业的领域，要参考统计学的书籍等。但是，就像前面写的一样，现在的统计系统开始具有自动拟合功能，利用这种功能也能节省许多工夫。

7.8 选择最适的需求预测单位

时段、产品级别、组织级别

设计需求预测单位

之前我们探讨了需求预测的模型。这里有一个重要的因素，下面将概括说明。那就是企业必须确定一个“需求预测单位”。

需求预测单位是指应该进行需求预测的级别单位的组合，有以下要素。企业必须把这些要素关联起来综合探讨，选择最适的需求预测单位。

①时段

月时段、周时段、日时段，预测时段的不同会导致实际数据的记录方法发生变化，预测的粗略度和变动的细微度随之变化。

通常，预测时段越小实际数据变动越大，预测剧烈变动；时段越大，预测倾向于平缓。

一般来说，时段与业务周期一致是最理想的。如果开展需求预测的周期为一个月，那么时段也是一个月为好。如果预测周期为一周，则采取周时段为好。但是，周时段的情况下，如果预测准确度不高，可以采用以月时段进行预测，然后分解为周的方法。

将月时段分解成周时段似乎很有难度。或许是由于在将月拆分为周时，不知道该如何向每周分割月时段的预测值。

解决这些问题的方法有两种。一是将每月的数字分解为日时段，再将其汇总为周时段。采用这种方法的话，虽然将月拆分开来了，但由于数字落在每一天上，可以汇总成周。当然，如果有月间变动、月末出货集中等情况，也可以把这些倾向融入进去。

另外一种方法是决定每个月有 4 周或 5 周，强制性按比例分配的方法。欧美等地区有一些企业采用以 4-4-5，总共 13 周为周期单位进行循环的规定，通过这种方法变换为周时段。

②产品级别

进行需求预测时，单品预测被视作正统，但如果以单品预测准确度不高，可以“产品组合”的形式来预测。采用组合预测的话，制订库存、采购、生产计划时必须分解为单品。

根据分解产品组合的分配方法，分解后预测值的准确度有时也会出现问题，分配比率应该设定为多少需要详尽地探讨。

③组织级别（据点级别）

“组织级别（据点级别）”也很重要。负责人以个人为单位进行预测、以营业部整体进行预测、以每个仓库据点进行预测，还是全日本统一进行预测，这种应进行预测的组织级别（据点级别）也是重要的决定单位。

例如，即使全国统一进行了预测，最终每个仓库想执行补充计划时，必须把需求预测分解到各个仓库据点。这里的分配比率非常重要，要严谨地敲定分配比例。

汇总需求预测

需求预测单位较大时必须进行分解，分解方法需要注意，我想这一点读者已经领会。

与之相反，小单位地预测后，汇总时简单相加即可，不需要深思。

但虽然如此，以最小单位进行预测未必常常都是好的，如果要追求预测的准确度，还是要根据业务的形态选择汇总度更高的单位。

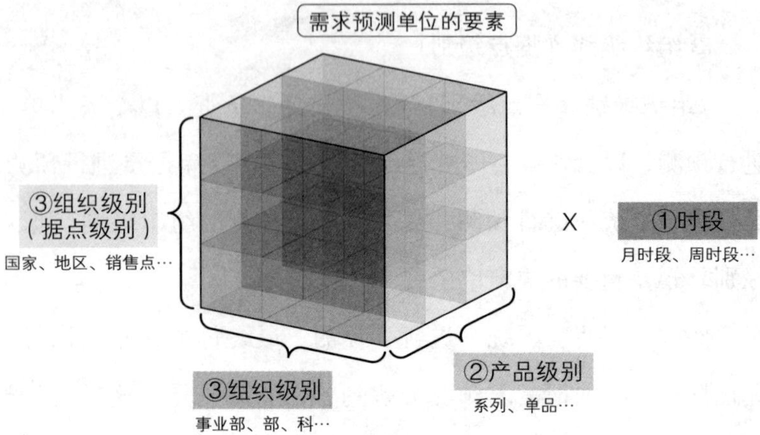

定义需求预测单位，展开业务设计

7.9 销售计划的制订与卖光库存的意志、魄力

销售计划需要有按计划销售一空的魄力

突破宣传活动等特殊需求

之前以需求预测为中心进行了阐述。最后一节是对“要在需求预测中加入意愿，制订出销售计划”的总结。

需求预测的定义是以今后也会发生与过去相同的情况为前提进行的，其结果没有加入人的意志。但是，考虑现实中的业务，单纯的预测是不够的，人们带着各种各样的愿景展开商业活动，所以需求会发生变动。

代表性的例子就是“宣传活动”。如果是常规商品，价格降低销售就会扩大，价格上调销售就会缩小。通过开展门店宣传、利息优待宣传、组合销售宣传、赠品宣传等促销政策，需求就会发生变化。

换言之，这些促销活动等特殊的需求，需要作为“特殊需求”对预测值进行增减的调整。

但是，带着愿景增减特殊需求时是以什么需求预测单位开

展，需要进行定义。

比如需求预测为月时段，但促销活动等以周时段开展时，就要将月时段的需求预测分割到周时段，将周时段的促销计划加入到该周时段的预测值。

除了需求预测单位，还要定义销售计划单位。

具有责任的销售计划

通过促销措施进行增减调整、加入商业上销售愿景的计划就是“销售计划”。预测近于顺其自然，责任归属不明确，而销售计划伴随着销售责任。

作为企业，必须切实不断地提高销售额、带着责任进行销售、制订销售计划，由企业开展销售活动。

销售一空的魄力：销售计划不是赌手气，而是有的放矢

销售力强的企业不会把预测放在预测的位置。带着销售的愿景，制定出营业部门参与的销售计划。在此基础上，即使市场发生变动，最后也能以达成销售计划为目的，不断提升销量。

换言之，不是说预测是否落空、销售计划是否完美达成，而是即使销路不佳的状况下，也有想尽办法提升销量以达成计划、按计划销售一空的愿景。

带着愿景的预测销售计划不一定会实现，是以实现为目标加强销售。这种具有强大售罄力的企业会长期赢得利润。

专栏

高级统计模型的种种

高级统计模型有以下几种。这里仅介绍其概要。

①季节性预测算法（Holt-Winters）

季节性预测算法是处理具有随趋势和季节变化模式的数据的指数平滑法的一种。

②博克斯·詹金斯法

博克斯·詹金斯法在采用过去实际数据的同时，可进行考虑到季节变动和趋势变化的预测。

③回归模型

受到导致促销活动及周内变动因素影响时，可以实现考虑到该因素影响的预测。采用多个因素预测时叫作“重回归模型”。

④Kurosuton 法

Kurosuton 法是用于很少出现的间歇需求品的模型。针对销售的时间点及当时的销售数量进行预测。

⑤安装模型

用于消耗品和维修配件预测的模型。现在世界上有多少机械正在稼动、这些机械需要使用多少消耗品，对使用率和交换率进行预测，采用“稼动台数×使用率（交换率）”来计算。维修配件则用“稼动台数×故障率”计算。

这一模型非常合理，但预测市场中正在稼动的机械数量、使用率、故障率要花很大工夫，其准确度也存在问题。

模型较为合理的同时，由于运用和准确度存在问题，使用范围不大。我的客户中只有一家企业成功引进。

第 8 章

对库存合理化的努力③ 供需调整流程的合理化

8.1 用供需计划管理库存

让销售计划、库存计划、采购计划、生产计划联动起来

销售计划确定后敲定库存计划、采购计划、生产计划

销售计划确定后就要制订“库存计划”。制订库存计划要使用本书介绍的基准库存计算。

所需的库存数量叫作“总需要量”。作为基准库存所需要的数量就是总需要量。

制订库存计划时，由于存在实际库存，所以要从销售计划中减去实际库存，算出不足的部分为真正的需要量，即订货数量或生产所需数量。这时，如果有已经订货或发出生产指示的量，这部分数量也要作为到货=预计入库，从总量中减去。这样算出来的数量叫作“实际需要量”。

实际需要量就是算出来的计划值，由此得到“采购计划、生产计划”。

打包

采购及生产计划通过后，就要发出订货及制造指示。但是，有时候不能原封不动地以采购及生产计划的数量，做订货及制造指示。

因为发出订货及制造指示时，有可能有“近似值”的规定。关于数量的“近似值”就是最小单位，关系到订货时，这就是我们在 2.5 一节所讲的“最小发货单位”或者“最小发货量”，牵涉到生产时则叫作“最小制造指示数量”。

最小值是从效率的观点出发设定的。如果上游接到的指示数量过小，成本就会上升，所以双方约定汇总到一定数量以上

销售计划、库存计划、采购和生产计划、订货及生产指示

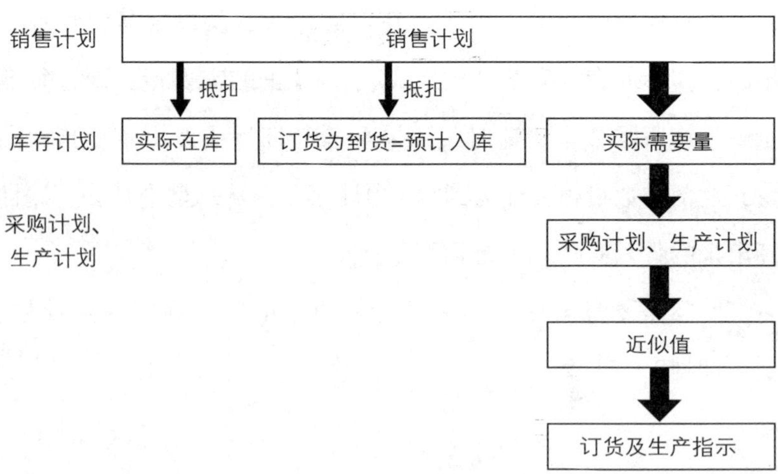

后才能作指示。

从订货及委托的一方看来，MOQ 和 MPV 等“打包”会导致库存增加，虽然实行的效率提高了，但是作为代价，库存效率会恶化，因此一般人都敬而远之。

特别是如果供应商和工厂较为强势，强制要求对连原本不需要的部分都发出订货或生产指示，就会因长期滞留、过期及劣化造成库存报废，所以不能把这个问题扔给某个负责人，可以说通过管理层之间的交涉降低打包单位正是管理层的职责所在。

组织分层、不承担被动业务

业务是从销售计划、库存计划、采购及生产计划再流向订货及生产指示。不同的企业，业务分担的分配方式或许有所区别，但很多企业是在各个负责的组织内部实施被分配的业务，按顺序向后传达。

例如，在一家企业，从销售计划到采购、生产计划（实际需要量的计算）为止由营业部门负责，其后由工厂接手，制订工厂用的生产计划。此外，也有一些企业的销售计划由营业部门制订，在参考营业部门销售计划的同时，工厂还要制订自己的出货计划和生产计划。

如果企业的生产能力很强、零部件和原料也很充裕，无论什么样的订货要求都能满足，那么以组织为单位分担职责，按顺序开展业务，也是可行的。

但是，这种方法是有界限的。企业往往生产能力有限，不是什么样的订单都能接。无法响应营业部门的要求时就要进行调整，发生额外的业务。以往顺利的生产也会失常，还可能出现交期问题。零部件不足、发生紧急发货和紧急生产，为了保证交期而紧急运输，成本上升。

另一方面，为了避免这些状况而拥有过剩的生产能力、过剩的零部件和原材料，也同样缺乏效率，成本高昂。

同一企业内的组织各自为政地开展业务、分别被动地经营业务的话，企业就会失去应对变化和风险的能力，效率降低、成本提高，不利于企业的长期生存。对状况做出反应是很重要，但仅凭这些，业务早晚会遇到阻碍。

管理是没有万能控制阀的经营

还有一个问题就是管理层无法把握这些业务的流程及其在财务上的影响。

日本的管理层有两句口头禅，分别是“这是怎么回事”和“这该怎么办”。很遗憾，管理层对本企业今后的销售趋势不了解，其结果就是无法彻底把握企业处于怎样的库存、生产、采购状况，还有在财务上的影响程度。

以预算和实际数据的管理为主，这些都是亡羊补牢的做法。因为企业没有建立根据计划，对做出预测的可信度、风险进行把握，进而决策的机制。充其量是各个组织的高层分别进行把握和判断，再各自做出指示。

关键在于预估销售计划和供给的风险，有计划地筹备库存和生产能力，甄别需重点进行的销售活动，即“平衡需求方和供给方，做出恰当的指示”，现在的企业没有做到这一点。库存管理就是一种帮助企业像这样实现收益最大化的重要对策。

库存的控制阀=需求计划的框架

设定基准库存、保持恰当的库存计算在操作上极为重要。

到现在为止我们讲了库存管理中能够适应操作的库存管理，接下来进一步思考管理库存的机制。

管理库存的机制就是“供需计划”。供需计划就是将销售计划、库存计划、采购计划、生产计划联动起来制定的计划，在日本一直被称为“产销计划”“进销存计划”“产销存计划”。

“产销计划”就是同时针对生产和销售制订计划。“进销存计划”是同时针对采购计划、销售计划、库存计划制订计划。

“产销存计划”是同时针对生产计划、销售计划和库存计划制订计划。

“产销计划”“进销存计划”“产销存计划”是为了解决营业部门擅自制订销售计划、随意做出采购和生产指示的业务问题，由工厂和采购部门一同列席，考虑供给方制约的同时制订计划的业务。

验证销售计划的可信度，对“库存有这么多、能否售出”“库存这么少、是否可行”“是否有应对销售变动的生产能力和零部件”等问题逐一确认，与此同时确立计划，做出订货及生产指示、筹备库存、准备实际销售。

不同于单由负责人和统筹部门制订计划，这种机制下既能做好处理实际风险时的准备，营业部门也会肩负着销售责任不懈努力，形成良好的业务状态。

8.2 供应链管理

关键在于构想、计划、统制、实行

曾一度失败的供应链管理

日本虽然有“产销计划”“进销存计划”“产销存计划”等概念，但这些方法都潜藏在各个企业内部，并没有对外部公开。而且，研究者们的目光也被“看板”“安灯”等眼睛能看见的事物吸引，“计划”这一管理业务迟迟未能实现理论化。

但是，这些业务在欧美大为盛行，20 世纪后期作为“供应链管理”被介绍到日本。然而当时对于供应链管理的解释多有歪曲，许多企业遭遇失败，不得不从头开始。

比如将供应链管理解释为“向店铺连续补充库存”。供应链管理被矮化成了补充物流和库存的机制，并从原来的管理框架中剥离了。

另外一种解释是：“引进计划的自动合理化系统就是供应链管理。”许多企业陷入这一误区，花费了庞大的资金，然而当时的系统和业务除了极少的部门外几乎都没运行起来。

这些解释从一开始就误以为合理化就是预估未来的风险和资源，对管理层应该决策的事项进行单纯的数学上的合理计算。

这两种解释共通的一点是“管理视点的欠缺”。尽管叫供应链管理，却只看到操作上的问题。

供应链管理是什么

供应链管理是为了在需要的时间将所需数量的所需物品送达相应场所而进行构想、计划、统制和实施的机制。

关键在于构想、计划、统制和实施。特别是计划很重要。第 8 章我们将会聚焦计划进行探讨。

供应链管理的关键是 S&OP（或 PSI）

供应链管理的关键在于计划。因为计划决定企业的收益和库存、影响企业的永续性。作为供应链管理中心的计划业务是 S&OP 或 PSI。

S&OP 是 Sales & Operation Plan 的英语首字母缩写，翻译为“销售 & 业务计划”或“销售 & 操作计划”。

相同的理念在日本也在通行。这项业务被称为“PSI”。PSI 是 Purchase/Production、Sales/Ship 和 Inventory 的首字母缩写，即前面提到的“进销存计划”“产销存计划”。

8.3 S&OP 和发祥于日本的 PSI

中高管理层参与

S&OP/PSI 是什么

S&OP 是为了持续提高收益、最高管理层和中间管理层参与、验证销售计划的可靠性和风险，根据其销售计划，针对库存、生产、采购的准备进行决策的业务。

PSI 是和 S&OP 相同的业务。日本的很多家电厂商、高科技企业，虽然没有形成一般化的概念，但都在以 PSI 的名称实行 S&OP。

管理层应该涉入的工作

S&OP 和 PSI 的要点在于中高管理层必须参加。S&OP/PSI 是使物的流动和收益相关联，共享实际数据和计划信息，确认今后本企业的销售状况和业务、操作度、收益状况的业务。重要的品目要以单品进行销售、生产和采购，以及确认能够整体把握收益的产品目录。

如果是集团企业，各地区和总公司要根据各自的水平进行验证和决策。如果是地区，就要在地区内进行销售计划的验证，确认生产和采购情况。例如以北美地区、欧洲地区、亚洲地区及日本的4极体制运作S&OP/PSI。

销售点作为全世界的中心，将整体的S&OP/PSI概括起来议论，这项业务被称为集团S&OP或集团PSI。日本的制造业大多以日本为中心开展生产，通过S&OP/PSI进行供给回复、交期回复，起着统制全世界的销售和工厂生产的作用。

如果制造和零部件供给短缺，就要以日本为中心进行分配。这叫作“供给分配”“分摊（allocation）”。供给分配、分摊对承受方来说意味着制造所需的零部件供给受到限制、销售所需的制品供给受到限制，所以会影响收益。零部件和制品紧张时，总公司既可以优先分配给销售额和利润最大的地域，也可以放弃眼前的暂时利益，为了获得市场而进行优先分配。

这样，通过S&OP/PSI，企业摆脱了以往顺其自然、被话语权大的地区所强迫的业务上的被动局面，掌握住物的流动和收益的控制阀。因此，S&OP/PSI是管理层应该涉入的一项工作。在变化迅速、决策迟缓就无法挽回市场状况的当下，通过实现S&OP/PSI，必须加强对企业的物品及收益的控制。

S&OP/PSI 的框架

那么，让我们来思考一下 S&OP/PSI 的框架。本书定义 S&OP/PSI 有以下的流程：

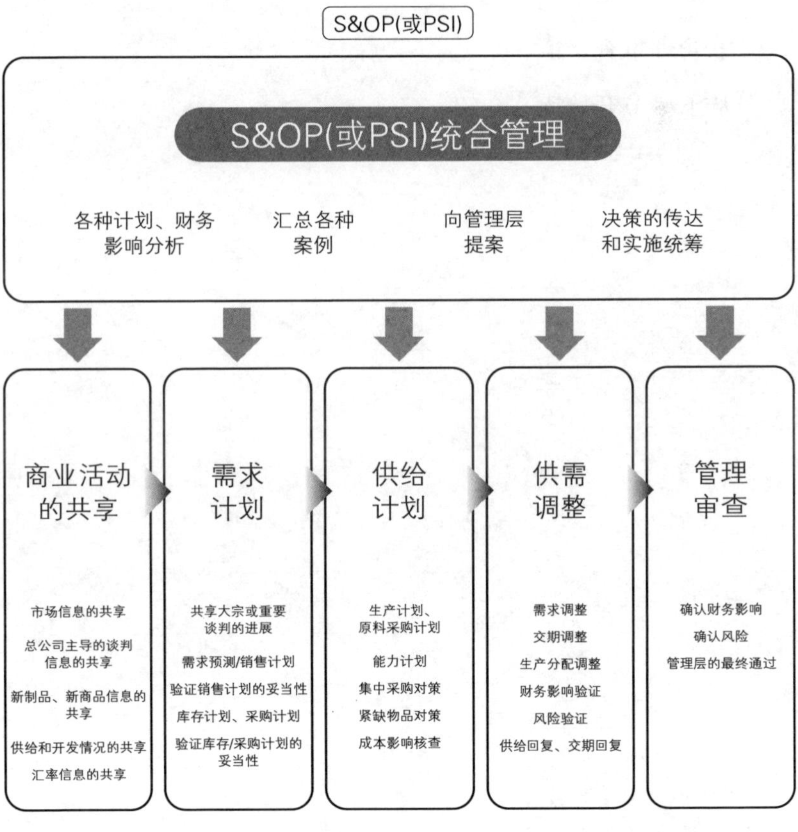

①商业活动的共享

②销售计划=需求计划制订审查

③进销存计划订立审查

④产销存计划订立审查

⑤供需调整

⑥管理审查

从下一节开始逐一介绍。

8.4 S&OP/PSI 的框架① 商业活动的共享

每次制订计划时共享信息

成为最初投入的商业活动的共享

S&OP/PSI 的第一项流程是“商业活动的共享”。商业活动的共享是指在拟订计划之际，已经实现共享的“信息”。

作为总公司，为了统制分散在各地的营业点、工厂的活动，要在拟订计划最初的阶段共享方针和制约。这比在计划拟订完成之后调整更有效率。

下面让我们来看应该共享的信息有哪些。

如果是量产型，就要共享开发进度和市场状况

根据商业的形态，各个据点应该共享的商业活动信息互不相同。让我们来思考实施代表性的“量产型销售及生产”的企业。

实施量产型销售及生产的企业的形态，针对市场以用预测

性生产的方式制造和销售企划、设计好的制品为主。首先，制订销售计划时很重要的一点是“新制品的开售时间”。新制品开售时间的变动也会影响销售收入，所以要共享开发日程的进度和开售时间。

还要共享本企业主导或提供支援的市场营销活动的进展状况和今后的展开，将其作为制订销售计划的信息。包括由价格调整和门店摆货而产生的促销费用的金额、使用的时间、应使用促销费用的制品等信息。

此外，要提供由于生产和采购状况的变化而发生紧缺的制品、零部件的信息。因为生产滞后就会影响销售，零部件供应滞后，生产和销售都会受到影响。还要共享终售信息、生产中止信息、物流途径调整信息。

按订单设计、顾客定制型要共享谈判和开发进度

如果是按订单设计、顾客定制型的企业，就要实施“谈判和开发进度的共享”。在谈判进展中，由于总公司主导的谈判，各个据点的销售计划和生产计划会受到影响，因此要共享信息。开发进度也是一样。

其他信息和量产型相同。

全局控制的方针展开

商业活动中共享且重要的一点是，向据点提供前一次计划时开始的状况变化和后一次计划拟定所需的信息，但更加重要的一点是总公司要能够确立控制全局的方针展开。

例如传达有关库存据点变化、生产据点变化、运输途径变化等的流程控制，并进行统制。业务来往的方式变化时，也要传达变化的情况。由此，对计划和收益有影响的据点就会掌握信息。

此外，如前所述，要落实每个据点开展销售的顺序和时间。比如一开始先在欧洲开展，之后向北美扩充，或者战略性地确立全世界的收益实现时期，让各个据点跟进。产品紧张时的供给分配也一样。

还要实施计划的追加指示。这时预算统制和计划业务的联动，不是单纯的财务金额的调整指示，而是供应链管理中伴随着物品控制的统制，基于这种指示，销售点等就要制订销售计划和市场营销计划。

许多制造企业简直把日本总公司像供应商一样对待，陷入统制失效、任人摆布的状况。商业活动的共享对统制有着重要的推动作用，是一项重要的业务。

8.5 S&OP/PSI 的框架②
销售计划=需求计划制订审查

严谨制订销售一空的销售计划

应该用 S&OP/PSI 看的时段和计划时期

S&OP/PSI 不是日常操作，而是从更高一层的管理视点探讨计划的业务。

因此，计划时段要用“月时段”拟定和验证数值计划。从该计划数值，制订每月的销售预测，验证每月的成本预测、每月的利润预测。

计划的制订时期取决于各个企业的情况，一般要囊括工厂的能力检查及计划、采购制约条件，或者与供应商的供给框架内可以交涉的范围。计划时期短的企业为 3 个月，通常定为 6 个月到 1 年。

当然，过早的话，有时即使是月计划的制订也十分困难，所以有时会总结为 4 个半期时段。

销售计划的审查

验证从商业活动共享中得到的投资，各据点的销售趋势、竞争状况、客户动向，实际数据和预算、计划的偏离状况等，来制订销售计划。

销售计划的制订方法有负责人的积累、各营业点根据管理层做出的计划开展计划制订等，不同的企业有不同的形态。

无论采用哪种方法，重要的是“销售计划的审查”。销售计划决定了此后的库存计划、采购计划、生产计划，所以非常重要。如果销售计划不谨慎，库存计划、采购计划和生产计划就会失常，对企业的收益带来莫大的影响。

探讨市场营销对策

销售计划的制订阶段，必须验证销售计划的准确性。必须严谨地制订能卖完的销售计划。

如果销售呈下降趋势，采用怎样的市场营销策略来提高、能否利用与竞争对手的关系来提高、顾客的动向如何，这些都要确认。此外，采取必需的市场营销策略，如何才能确保销售也要进行探讨。

例如，即使降低价格，如果不清空库存就有可能卖剩，就要采取促销对策，该对策是否真的提高了销售也要探讨。

当然，许多事情不尝试去做就不知道结果如何，商业活动不是赌博，因此要谨慎构筑合理的因果关系、肩负责任拟订销售计划。

自己拟订的销售计划被通过、使用企业的资金扩大销售，这时营业就会被赋予按计划将商品销售一空的责任。相关部门要抱着销售一空的魄力拟订计划。

谈判进度的确认

也有一些企业在其经营的商业活动中发现，“谈判”是确保销售的关键。这种情况下，企业要紧紧地追踪谈判的进展。

企业要把握新业务的谈判数量有多少、这些谈判是否有良好的进展、谈判成功后能够获得多少订单，乃至生产完成后的出货时间和量产开始的时间，并严格地确认其对销售收入的贡献有多少、可靠度如何。

预算、目标值关系的整理

销售计划中存在一个问题，就是销售计划常常会变成预算或目标值，变成与实际形势相去甚远的计划。产品明明销路不佳，在计划中却认定其大受欢迎，这样的话，可能使企业收益异常。

营业和销售点有责任对应该达成的销售计划、预算目标值分别管理。营业的任务是填补预算目标值与销售计划之间的偏差，不是把预算目标值充当销售计划。

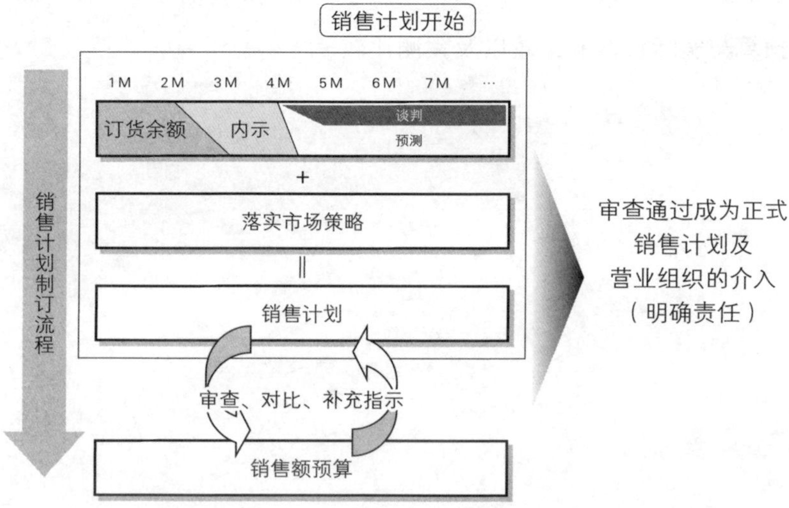

再强调一次，预算目标值和销售计划是分离开的，探讨如何开展填补这个缺口的活动才是营业的职责。它们不能混为一谈，管理一定要严谨。

注意汇率

开展国际业务的企业拟订计划时受到汇率的影响。外汇的变化有时成为利润，有时变成损失，企业也一喜一忧，但只能听天由命。关于汇率，可以采用“预算时的汇率”“计划中要使用的企业所定义的汇率”“确定为实际数据的汇率”三种，实施预算与实际数据的比较以及预测比较。

8.6 S&OP/PSI 的框架③ 进销存计划订立审查

地区的统括控制、全局统括必不可少

进销存计划是什么

“进销存计划”是为了拟订采购计划“根据销售计划拟订库存计划的业务”。时段、期限与销售计划一致。

即使按照品目单位制定了“销售计划”，可能是以想把握的销售额的目录进行验证的，也可能是以一开始就有的目录单位进行计划的，而“进销存计划”是根据品目单位拟订的。因为想要拟订每一件品目的库存计划，就必须从品目单位出发。

进销存计划是从销售计划出发，开展基准库存计算，减去实际库存与已经在上一次的计划中确立的采购计划的“采购计划数量（或者订货剩余）”，算出“实际采购需要量”。基准库存的计算方法如在第 5 章所述，要选择恰当的方法来实行。

进销存计划要根据已经经过验证、认可的销售计划来拟订。此时，如果完全根据基准库存进行计算的话，预估未来的销售计划预测的风险时可能成为过剩库存，也可减去库存或采购计划数量。

相反，可能出现供给侧制约时，可以提前拟订采购计划。

像这样可能遇到销售风险或供给风险的品目，在采购销售库存计划中要详细审视，调整库存计划。如果不是特别重要的品目，机械地进行基准库存计算也无可厚非。

地区需求计划的统括和全局统括

从工厂的角度来看，采购销售库存计划即工厂的生产计划投入，是一种需求信息。在工厂看来，这是在提示来自多个据点的采购计划，工厂要针对各个收货方调整计划。

因此，企业必须具备在向工厂发出提示前，统括及管理采购销售库存计划（即需求计划）的功能。这种功能要求“地区的统括控制”和囊括各地区的“全局统括控制”两个阶段。

一方面，要对地区各据点的采购销售库存计划进行审查和调整。地区内设有工厂的情况下，就要探讨该工厂要以何优先顺序做出生产指示。工厂生产能力有余裕，零部件和原材料也较为丰富的话没有必要，但这种例子少之又少，一般都需要统制。

另一方面，各地区的采购销售库存计划出炉以后，总公司作为全球业务部门的中心，必须对其进行检验和审查。验证地区库存是否存在膨胀、采购计划是否过剩、地区风险是否增加，必要的时候及时刹车。

特别是当地法人的库存计划如何、结果是否导致该据点现金不足也是重要的检查点。如果是必要的库存，企业需要判断是否有必要由总公司出资来增加库存。

用进销存计划控制库存

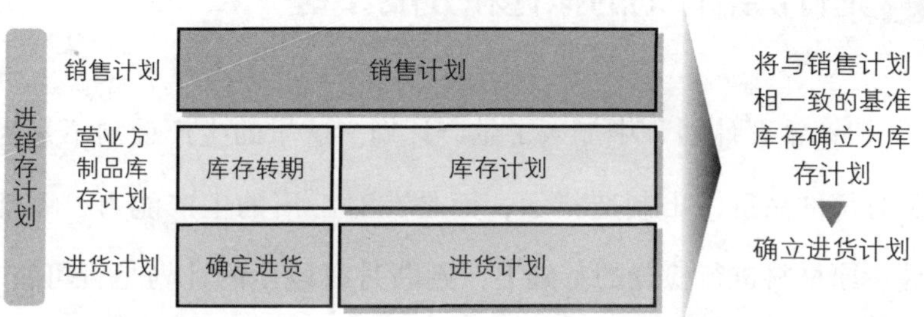

8.7 S&OP/PSI的框架④ 产销存计划订立审查

根据不同的期限，应该观察的制约不同

先行供给计划的拟订和分配计划

“产销存计划”中加入了生产计划。这里的生产计划不是为了对每件品目做出制造指示，而是在对工厂的生产能力、零部件、原材料进行检查的基础上，判断月时段生产计划是否可行，为了根据需要，通过人员配置和设备投资等增强生产能力、进行零部件及原材料补充的采购计划而制定的计划。

产销存计划随着不同的期限，应该注意的制约会发生变化。因为有些制约很早就已经确定，而有的制约直到近期仍可做调整。

决定得比较早的计划为“由工厂设备投资决定的生产能力”。大规模的设备投资从几年前就决定了，而增强工厂的生产能力也是以年为单位的决策事项。因此，通常设备制约的生产能力，在1年之中都是固定的，或者只有工程接近尾声的年末才有可能调整。

接下来是为采购要花费时间的“路途遥远”的零部件和原料，或者短期内能够增强生产能力的模具和夹具相关的投资。这两者都能提前 3 个月到半年确定零部件和原材料库存、生产能力，所以在生产销售库存计划上，在这一制约的源头，最大值，即能够使用的上限值就是制约条件。

最近，由于人员计划使得人员周转，采购周期较短的零部件、原料的采购数量也成了一个制约因素。

像这样，过去决定的制约相对是能力制约上的大框架，其下面细小的制约最终决定了计划。因此，临近期限想要大幅度调整计划是不可能的。

地区生产销售库存计划的统括和全局统括

工厂拥有数个据点，以及成品工厂和零部件工厂关系较为复杂的时候，产销存计划担负着重要的职责。

首先，要在地区内进行生产调整。能力有限的情况下，需要在制约层面探讨优先为哪一个需求方供货。实际中要和需求方进行调整时，就要加入下一节将要阐述的供需调整的业务。

这种供需调整有可能超越地区，成为全局的需求。无论如何，产销存计划要打破供给制约，面对供需调整。

这时，要对工厂的收益，以及生产和采购可调整的范围进

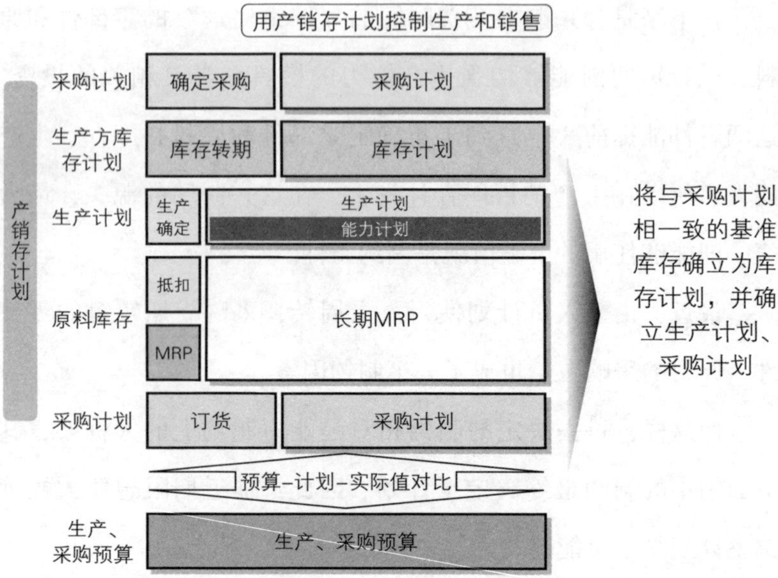

行验证，再制订产销存计划。

为了缩短计划的前置时间，制订产销存计划的部门要提前获取各据点的产销存计划，进行模拟实验。

8.8 S&OP/PSI的框架⑤ 供需调整

在人为调整中最终决定

供需调整

供需调整是指在采购销售库存计划中拟订的采购计划与产销存计划拟订的生产、供给计划，发生出入的时候进行的业务。

一方面，销售方想确保库存以作为期货卖约筹码，而工厂以已筹备的生产能力、零部件、原材料无法满足采购销售库存计划所决定的需求时，要决定优先生产哪一个需求方的哪种品目，这时就要进行供需调整。

供需调整要以有制约的供给为基础，向各据点分配库存和上货，所以不仅库存紧缺，一旦缺货还会影响销售。因此，各据点会拼命地争取库存。如果对这些要求视而不见，话语权较大的营业部门和销售点就会从未经疏通的方向横加干涉，做出与今后的销售战略、企业收益最大化的视点相去甚远的指示，所以不会有好的结果。

供需调整是一项需要管理层参与、展示公司意向的业务。

当然，原本应该视销售风险和库存风险、生产和采购风险进行S&OP/PSI，因此一般不发生分摊。但是，实际中对于制约确定的时间点，需求紧急变动的情况更多。当然，对计划管理水平较低的企业来说，调整已经是家常便饭。

供给分配的规则和实际

供需调整的方法就是“供给分摊（=供给分配）”。供给方制订可供给的大框架，调整分配以满足需要。

供给分配有集中逻辑性的方法。

①合理份额

合理份额是指针对需求，将供给框架按需要量分配计算。这种方法简单易懂，业务负荷也比较低，但到底是不是“合理”还是疑问。

例如，需求方A和需求方B同样应卖出100件，而供给框架只有60件时，如果需求方A提出了200件的采购计划，需求方B照实提出了100件的采购计划，按照合理份额计算的话，分配给需求方A　40件、需求方B　20件。总之，要的多就分配得多，搞不好反而让老实人吃亏。

但是，合理分配规则简单，因此经常被采用。

②按照紧缺前提出的采购计划分配

发生紧缺后提出的采购计划中可能有微妙的考虑，因此按照此前的计划值分配是一种方法。

③供给受限时优先照顾库存紧缺的需求方

以销售计划为基础的库存计划被制定出来了。库存计划是作为需求而确立的，但根据供给计划确立的供给计算库存时，要模拟计算出库存不足的程度，向库存最紧缺的需求方多分配。

采用这种方法时，有可靠的采购销售库存计划、没有可以模拟试验的机制的话会很困难。

前面介绍了三种经常使用的供给分配逻辑，但实际中还是要在人为调整中最终决定。这种人为决定不是“话语权较强”的人优先，而是在管理层参与的基础上，判断由分摊带来的企业收益的变化与对顾客的影响十分重要。

生产分摊的规则和实际

不仅有制品供给分摊，还可能出现生产指示的分摊。

例如，有能够制造相同品目的工厂，一个工厂能力不足的情况下，分摊到两个工厂即可确保供给。这时，如何进行分摊要在生产销售库存计划中明确，这也叫作能力不足时的生产分摊。

不仅有这种紧张时的生产分摊，生产能力过低、无法达成工厂预算时也可能进行生产分摊。工厂具备的生产能力不完全发挥就会浪费。但是，如果需求低迷，有时无论如何也不能完全发挥。这种情况下，可以转移一部分生产，帮助工厂提高稼动率。

在工厂的生产分摊中，对成本造成的影响是判断材料。而且，实施生产分摊可能会导致前置时间变长、运输成本上升、关税变化。企业要在把握这些信息的基础上考虑收益影响后再进行决策。

海外工厂分散时，这种决策相当困难。无法正确获得成本信息是家常便饭，物流和通关发生变化，对业务成本和风险也会难以把控。

此外，如果社会制度变化，还可能出现劳动者无法临时下岗等问题，固定费居高不下的同时转移生产，这些不合理的决策相当危险。为了调整供需，跨越国境切换工厂本身就非常困难。

8.9 S&OP/PSI 的框架⑥ 管理审查

决定统括点后应开展组织设计

财务影响审查

S&OP/PSI 中重要的一点在于要时常把“实际值”和“计划值”替换成财务数值进行把握。光靠数量无法掌握对企业造成的影响。这样一来，就会变成单纯的操作上的判断，无法帮助企业做出实现收益最大化的判断。

那么有多少企业实现了 S&OP/PSI 呢？说几乎没有也不为过。

在许多企业，把销售交给营业、生产交给工厂、企业系数的管理交给财务，各项业务分隔运作已经成为常态。只是视结果事后采取对策，对作为结果的财务数值一喜一忧，看似积极的举措，实际上是放任自流。充其量只有预算和实际数据被纳入管理、有意落实预算，没有设定控制阀的企业不胜枚举。

S&OP/PSI 的目的在于针对只能管理预算和实际数据的企

业，引进基于计划的预测管理，使得企业能够带着意愿操作预测。

财务影响也要以预测就这样放任不管会怎样的形式审查，如果有意地改变计划，预测会如何变化，其结果能否认可，最终能否按计划达成，都能够判断。

S&OP/PSI 是将营业、生产、财务等在公司内部各司其职的部门以“进销存计划”“产销存计划”“供需调整”统合起来，构筑能够视财务影响进行决策的机制。

这种机制超越了单纯操作层面的基准库存计算，是实现作为企业意志的拟订库存计划的方法。

统括 S&OP/PSI 的机能的必要性

但是，要使 S&OP/PSI 成立，需要实施统制防止各组织各行其是。为此，必须有统括 S&OP/PSI 的技能。

2000 年左右供应链管理热潮乍起的时候，许多企业如出一辙地建立 SCM 组织，接着以失败告终。不考虑实际商业中发生的事情，吹捧计划最适化的组织中，各职能部门早晚会背道而驰，组织有名无实。

反省这一点，建立统括 S&OP/PSI 的组织时，首先要进行 S&OP/PSI 的业务设计，决定要统括的点，进行组织设计。

最低限度的必要技能是引导 S&OP/PSI 的技能。展开 S&OP/PSI 流程的准备，决定会议的时间和会议日程，主要会议。听取管理层的意见、汇总结果，与各组织共享最终决议。

更进一步，设置管理支援机能。进行财务分析，向管理层报告。分析从各组织提交的计划，汇总成审查点并进行答疑，也可以总结成解决方案。

但是，全权处理 S&OP/PSI 的既不是决策组织，也不是利润中心。即使让统括组织负有库存责任，如果销售不出去，连报废也做不到。说到底，作为支援管理层的工作人员行动才妥当。

根据企业的状况，应属于哪个组织各不相同。我认为，如果有条件应当设立一个从操作部门独立的组织。

面向销售额、利润最大化，库存合理化的决策

S&OP/PSI 是实现销售额、利润最大化，并为此把握风险、持有合理库存的业务机制。这一机制既不是通过库存的自动合理化成立的，也不是由统计性需求预测成立的。

共享未来的计划信息、在难以达成预算时考虑促销策略，生产能力紧张、零部件和原料不足时考虑分配和投资计划并采取措施，这才是 S&OP/PSI 的含义。

企业要将 S&OP/PSI 设计成企业人在管理业务时的控制阀，设定推进其业务的统括组织，对库存展开控制。

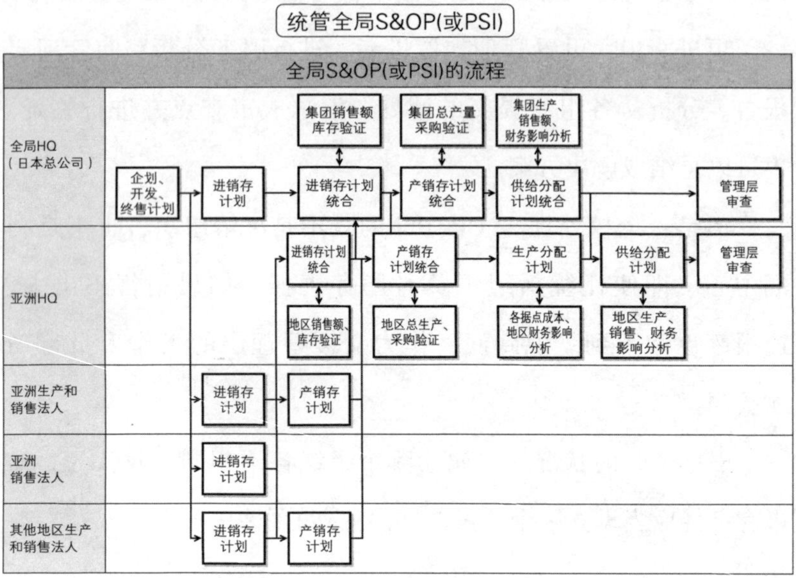

专栏

通过向客户要求回收库存降低库存风险

将制造业作为客户的零部件厂商和原料厂商是客户伙伴。客户为了落实本企业的生产，思考着与供应商密切合作。因为必须确保零部件和材料的供给。

在企业客户里，也有一些会发出“内示”的优良企业。内示意味着交易责任，因此一般企业往往敬而远之，但从确保供给和培养供应商的观点来看，企业应该珍视做出内示的客户。做出内示的客户一般都会在最终库存剩余的情况下响应买进。

而且，根据不同的客户，也有做出“预定”的企业。预定的定位是不具有交易责任的提前信息。

但是，对供应商来说，预定有接近内示的意思。因为客户有可能抗议：“明明预定了，为什么不能供应？”

若是如此，预定也是具有交易责任的信息。要与客户交涉买进协议、努力避免不良库存。或者由于只是预定而已，可以不采购成品，而是要求收购在制品，客户定制的零部件、材料，以此来降低本企业的库存风险。

当然，这里还有能力关系。但是，唯命是从地单方面承担库存风险不是公平交易。这些交易是由人决定的，从商业视角重新交涉，或许是强化企业间关系的手段。

第 9 章

对库存合理化的努力④ 通过物流对策实现库存合理化

9.1 让销售点库存与在途库存实现合理化的机制

缩短因物流处理和业务循环延长的前置时间

缩短前置时间才是减少销售点库存和在途库存的关键

第6章提到了库存多级配置，不让销售点任意持有库存的方法。要想让销售点真正听进去，针对零库存产品，必须保证需要时物流方面可以马上应对。

如果需要时无法立即送达，销售点就会对供给状况不放心，从而持有库存。减少流通性较强产品的库存很可能会受挫，是其重要前提条件。

支撑配置方针的缩短前置时间的方法

为此，要采取可以缩短运输前置时间的对策。船运的话，要做好空运的准备。紧急情况下可以用空运大幅缩短前置时间，进行发货应对。

除了这种实际运输的前置时间外，还可以缩短“物流处理相关前置时间”和“受业务循环限制而延长的前置时间”。

“上班时间”可能会限制前置时间。全世界的商业活动 24 小时不休息，但如果某个据点放假，或者上班时间有限，今天该下班了所以明天再说，就会延长时间。可以委托物流让其 24 小时应对，以建立随时发货的体制。

另外，遗憾的是通关时间是一定的，如果距离较远，那么为了按时送达，需要尽早应对完成。但如果仓库离海关较近，那么发货指令就可以推迟在到通关的最后一刻，从而缩短 1 天时间。

像这样，尽量缩短时间，消除紧急情况下的库存危机，供货方保证不会缺货的话，供应链下流的库存就能减少。

缩短前置时间是减库存的关键

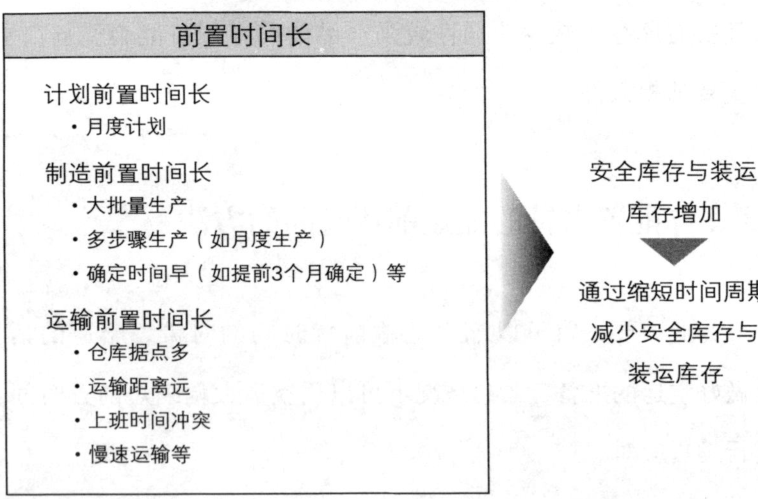

9.2 仓库365天24小时运作的选择

采用第三方物流也是一种方法

为了在不增加库存的同时不影响24小时营业

维修零件和易耗品是保证产品运作的“维修用部件(service parts)”。

维修用部件缺货会导致顾客无法使用机器，使顾客大受打击。这样一来，可能会引发信用问题并被索赔损失。就算不索赔，顾客下次更换机器时，也不会考虑这种产品了。

公司为了避免这种情况会随意持有库存。但从长期来看，持有大量、多种库存有一定的风险且会影响公司收益。

这时就可以采取多级配置的方法，除经常大量发货的产品外，将其他库存集中在供应链上流，既可以减少库存，又可以在较短的运输前置时间内进行紧急应对。

然而，公司内部的仓库总会因上班时间规定等，无法在周末节假日运作，24小时应对就更不可能了。

这样的话，采用物流整体外包，可以实现365天24小时运作的“第三方物流”（3PL：3rd. Party Logistics）是一种方法。

以前面的A公司为例，由于销售点反对库存多级配置，为了弥补这一点缺陷，A公司选了一家国际性的3PL作外包商来实现全球配送库存。

目标是“全球库存24小时内送达”。

对比多家公司后，A公司选择了一家国际性的物流公司，实现了亚洲次日达，北美24小时，欧洲48小时左右。虽未完全达到目标，但已成功迈向减少全球库存之路。如果无法达到这样的短前置时间，各个据点也不会同意。

A公司实现了最大限度缩短运输前置时间，在不增加库存的同时不影响24小时营业的方针。

凸显存在感的汇集中心

即便想要缩短运输周期，实际中也很困难。很多情况下都是空运时间缩短了，却无法控制从机场到顾客手中的陆运阶段。

于是出现了一种管控空运、海运、陆运的物流商——“汇集中心”。汇集中心会安排物流的方方面面。

汇集中心的效率很高，但价格也高。这样的话，可以采取这种方式，即平时走普通物流，紧急情况下才委托汇集中心。

紧急情况下的订单可能会使价格更高，但如果整体上比平时一直采用汇集中心便宜，那么还是灵活运用比较好。我支援过的公司中，A 公司是将业务全都交给 1 家汇集中心，C 公司则是灵活运用而成本较低。

9.3 缩短运输周期的即时配送

不滞留、不保管，缩短运输周期

为了减少库存滞留时间的即时配送

要想减库存，减少在途库存也很重要。在途库存是已经进入运输阶段的库存，若不采取一定措施，是无法减少的。

可以通过改变物流形态，减少滞留、在途时间来缩短运输前置时间，减少在途状态的库存。

首先，滞留是这样发生的。成套提供或者捆绑销售的产品，没有配套、凑齐的话无法发货。就算只缺了一个组成件，其他组成件也会随之滞留。

配套也叫凑齐、备齐发货，各公司的叫法可能有所不同，但配套前的滞留时间均不容小觑。

其次，仓库的作业方式上，先入库保管，再分拣所需产品发货，这一连串操作也拉长了运输前置时间。

“即时配送”就是让配套前的滞留时间为零，不费时保管，以缩短运输周期的方法。

首先，为了让配套前的滞留时间为零，需要让配套产品的入库时间与出库时间吻合成为可能的物流。这一点很难做到，要想让时间吻合，需要对配套产品所有组成件的到货情况和发货情况进行管控。

其次，要想让即时配送产品的到货和发货在同一天内完成，将其混装后同时堆放到货车上的话，就需要将入库管理细化到小时。

物流质量不够高的话，即时配送是非常困难的。

即时配送品与分拣品的混合

所有产品都采用即时配送也缺乏效率。例如，数量少的产品全都一一对照即时配送日程来发货运输的话，物流费用就会增加。

因此，数量少的产品可以由即时配送式转运中心保管，发货时再分拣混装送出，以提升效率。

事实上，大型流通公司都有巨大的转运中心。上午收货，下午发货。收发货通过轨道和分类器连接，很快就能根据不同店铺将产品分类。下午发货结束后，巨大的仓库里空空荡荡。

数量少的产品先放在仓库，下午发货时再分拣出来按店铺分类后发出。

就像巨大的时间管理自动分类中心，形成一个向各方快速发货，不会滞留的构造。

9.4 由企业总部改变运输模式

实现进销存计划可视化，控制运输模式

无法反抗销售点要求的总部和工厂

销售点持有库存进行销售的情况下，就会向总部或工厂下订单。

销售点与顾客联系紧密，因此总部或工厂就算想拒绝销售点的订单也拒绝不了。特别是紧急订单，完全无法拒绝。只要销售点说一句“会给顾客添麻烦”“你想拉低销量吗”，总部和工厂就完全无法反驳。

如果总部和工厂看不到销售点的销售计划，就无法预计之后大概会卖多少，看不到应对紧急订单和紧急发货的根据。同时，如果不了解销售点库存今后的情况，自然也无法拒绝。

然而，很多企业经常面临其实并不需要根据销售点的紧急订单来调整生产计划、紧急发货的事实。

销售点的负责人害怕缺货而多下了订单。然后又因为库存减少而担心不已，发出紧急订单。

销售点的采购人员中有多少人想到了下周一早，先前订购的库存就会入库这件事呢？有多少人是在核实了营业销售计划今后的趋势变化后才判断是否要订货的呢？

意外的是，销售点的业务水平并不高。仅凭销售点的判断就处理紧急订单，调整计划并紧急发货的话，只会徒增麻烦。

只要进销存实现可视化，就能由总部主动选择运输模式

但是，让PSI进销存计划可视化的话，又会如何呢？首先可以看到销售点今后的销售计划。然后能看到库存计划。看到

PSI可视化可以减少无谓的空运

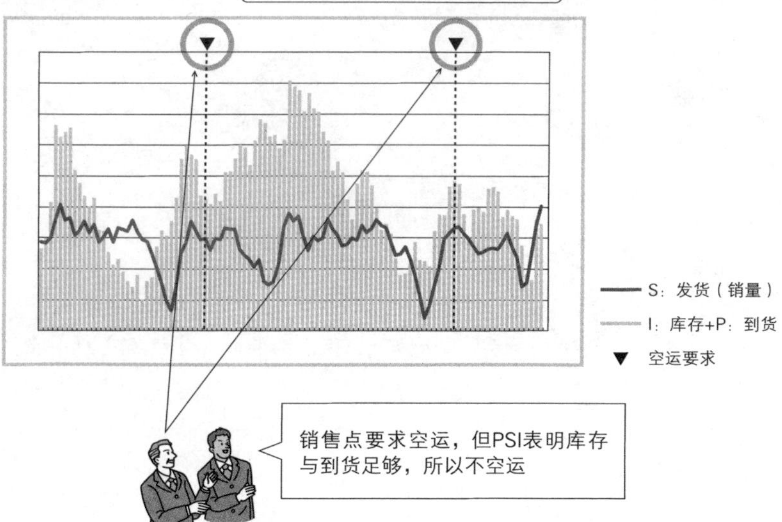

销售计划，就能看到销售的过往实绩与今后计划的波动情况，就能知道是否是销量增长预测带来的紧急订单。看到库存计划，就能知道已经订购的产品什么时候送到并成为库存，就能知道库存量能否满足销售。

核对进销存计划后发现并不需要紧急应对时，就能反问销售点。听任销售点要求进行紧急运输，结果导致销售点库存堆积的无谓工作，只要进销存计划实现可视化就能够避免。

专栏

BCP 库存

新潟县中越冲地震和东日本大地震将事业继续摆在眼前

BCP 全称是 Business Continuity Plan，意为“事业继续计划”。BCP 库存就是，为了实现拟订的 BCP 而特别保有的库存，其目的是不管发生什么都要继续生产，持续提供产品，不影响商业活动。

BCP 曾数次引起争议，而制造行业之所以认为 BCP 不可或缺，是因为新潟县中越冲地震和东日本大地震导致物品供给中断，进而引发停产。

新潟县中越冲地震期间，由于几乎所有汽车公司都从新潟的同一个厂家购买某个零部件，从而给该厂家带来了巨大影响。

同样，东日本大地震也给整个制造行业带来了巨大影响。半导体等产品的制造集中在东日本，而半导体这条复杂的供应链末端的停产影响了所有相关行业。

为了避免因这类自然灾害引发停产、停业，很多企业都累积了 BCP 库存。但是相应地，增加了库存但不能无止境地增加，还要考虑过时废弃的可能，因此今后对库存管理要越发慎重。

第 10 章

库存单价改善活动与注意事项

10.1 通过总额折扣降低库存单价

错开定价与进货的时间

除了库存数量，可通过降低库存单价来减少库存金额

减库存可以通过巧妙控制库存数量来实现，还有一个重要方法就是，降低库存单价。因为

购入产品的库存金额=库存单价（=购买单价）×库存数

想降低库存单价，就要降低购买单价。

通过总额折扣降低购买单价

降低购买单价的一个方法是“总额折扣”。总额折扣就是，与卖方交涉使其同意通过增大购买量来降低购买单价。

例如，原本购买 100 个要 1000 日元（1 个 10 日元），购买 1000 个的话每个只需 90 日元。对供应商来说，可以减去少量销

售和管理的麻烦，并让销量增加，因此很容易谈妥。

但要注意不要过度增加库存量

要想实现量大从优，就必须增加采购数量。但一味地增加会让库存量膨胀。就像刚才的例子一样，本来买 100 个就行了，结果买了 1000 个，库存量激增了 10 倍。

如果买得便宜，但库存积压并最终报废，反而会造成浪费，还会让业绩恶化。必须在实现量大从优的同时，不让库存数增加。

其方法就是 sourcing 和 purchasing 的分离。

sourcing 和 purchasing 的分离

Sourcing 和 purchasing 的分离就是通过错开定价时间与买入时间以抑制买入数量增加的方法。

Sourcing 的 source 是源流、供给源的意思，用在库存管理、采购工作方面就是指从选厂到定价合同的整个流程。Purchasing 是采购行为，指订购流程。

总额折扣的实质是双方的一个约定，即订购时购买说好了的数量，就会得到价格的优惠。但是，sourcing 和 purchasing 的分离，可以让这个约定变为不用在订购时满足数量要求，只需满足一定时间内的总购买量。

以刚才的例子来说，定价方面商定为“1 年买 1200 个，单价就定为 90 日元”，订购方面协商为“订购数量到时分批决定。不过 1 年要有 1200 个”。通过这种方法就能在不随意增加订购量、保持正常库存的同时进行采购。

这种方法在日本也被称作“画框”，在资金紧迫时很有用。与供应商协商好订购量与价格，是一种双赢的方法。

不过，为了实现量大从优，还是需要增加总购买量。其方法就是下一节的集中采购。

10.2 集中采购与降成本要求

着眼于各个据点都在买的产品，就能找到降成本对象

将分散的采购集中起来，降低单价

按理说应该避免多买不需要的量而总额折扣从优这种做法。

为了合理开展总额折扣，需要采取集中采购的方法。集中采购就是在一个地方购买。

如前文所述，购买包含了 sourcing 和 purchasing。购买可以分为 sourcing 和 purchasing 这两种形式。

①集中 sourcing・集中 purchasing

选厂、谈价和定价、谈量和定量等 sourcing 集中在一个地方进行，同时订购（purchasing）也在一个地方进行。

配送方式上，既可以先集中送到一处再配送到各个据点，也可以在订购时就将收货地点分开，让供应商分别配送。配送方式参照协商结果。

②集中 sourcing · 分散 purchasing

选厂、谈价和定价、谈量和定量（画框）等 sourcing 集中在一个地方进行，订购（purchasing）则根据商定好的数量，在各个据点分散进行。

③分散 sourcing · 集中 purchasing

这种方式在分割 sourcing 功能之上是成立的。选厂由各个据点分别进行，谈价和订购则集中进行，这也是日本工厂常用的方法。

这种方式并不是总额折扣，而是由采购人员交涉价格，以降低成本。配送方式上，既可以先集中送到一处再配送到各个据点，也可以在订购时就将收货地点分开，让供应商分别配送。配送方式参照协商结果。

④分散 sourcing · 分散 purchasing

就是分散购买。无法实现量大从优。是集中采购的反义词。很多企业都采用分散采购。

还能用于间接材料的集中采购

除采购商品和原材料外，企业还要采购各种产品及服务。

很多企业都是各个据点分别采购，有时候一个地方卖得便宜，另一个地方卖得贵。

如果各个据点都在买某种产品，那么就有总额折扣的空间，因此只要将眼光转向采购商品、原材料之外的地方，就能发现很多降成本对象。

差旅费、快递费、桌子等日常用具、办公用电脑、文具及各种耗材，如果这些是由各个据点分别购买，那么就有采取集中采购以实现总额折扣的可能。

10.3 数厂争购与 RFQ：Request for Quotation

适用于普通产品和特殊产品的方法

数厂争购以降低单价

无法实现量大从优时，还有一个降价的方法。即选择数个厂家，数厂争购竞价以达到降价的目的。

数厂争购成立的前提是存在数个厂家且产品通用性很强。这样肯定会产生竞争，由此价格就会降低。

但是，不能因为是普通产品就一个劲地让厂家竞价并讲价。这涉及企业的伦理问题，如果过于强硬，厂家就处于弱势，会有危及公司采购稳定性的隐患。应该考虑可以同时确保厂家经济利益的价格。

RFP/RFQ

要买的不是普通产品，而是特殊产品时，也可以打折。

特殊产品就需要一开始提供规格并让厂家报价。如果有技术方面存在竞争关系的厂家，可以让数个厂家报价，并在选厂过程中谈价格。

像这样拿到报价的行为较为常见，可以叫 RFP（Request for Proposal：提案委托），也可以叫 RFQ（Request for Quotation：报价委托）。

近来，只要不是特别复杂的规格，就不需依靠垄断技术才能解决。即便是特殊产品，只要通过 RFP/RFQ 谈价格，最终也可以使价格降低。

因为费时费力，所以如果不是特殊产品且有较高附加价值，这种方法并不划算。

反拍卖与投标

RFP 与 RFQ 是双方就特殊产品交涉达成一致的过程。还有一种方法是，让厂家提示价格后进行自由竞争以达到降价的目的，即反拍卖。

一般拍卖的价格都是逐渐上涨，而厂家之间的竞争过程中，价格反而会逐渐下降，因此称作反拍卖。

可以认为反拍卖与投标基本相同。在设定期限并让厂家投标竞价这一点上完全一致。

反拍卖与投标既可用于普通产品也可用于特殊产品，但与

RFP、RFQ一样费时。不过，如果是普通产品，只需向厂家说明产品内容并让其投标，比较简单。

但是，进行反拍卖的企业，如果对厂家而言没有足够吸引力，就可能无人理睬。

10.4 设计阶段与购买阶段的VA/VE

不只是库存单价，也要注意附带费用的增减

设计阶段的VA/VE长时间决定成本

降低内制品价格的方法有很多种，最为有效的应该是“在设计阶段就考虑降成本”。

可以说制造成本的八成，甚至九成都是在设计阶段就决定了。意思就是，设计阶段就决定材料费、人工费和制造费用。

材料费的话，因为用于制造的原材料和零部件在设计阶段就会锁定，所以原材料的价格也会决定。一旦决定使用高额原材料和零部件，制造期间的高额材料费也就确定了。

人工费和制造费用也是一样。例如，设计为需要经过复杂的制造工序才能完成的话，那么加工费、特殊设备费及其他管理费就必不可少。

而且如果加工复杂，不经过好几个工序完不成，那就需要较长的工序，随之会产生这部分加工费。

如果在设计阶段认可了复杂的、较长的工序，就确定了制造期间的高额加工费与制造费用。

因此，从设计初期就要有使用低额原材料的意识，在设计阶段选择原材料时，使用VA（Value Analysis）或者VE（Value Engineering）的方法，在功能相同的产品中选择低额的原材料及零部件。让零部件可以通用也很有效。

另外，要在零部件设计、产品设计、制造设计（工序设计）等各个阶段考虑到降成本的问题，在通过设计评审设置门槛的同时持续进行降成本活动。

量产后也要在购买阶段通过VA/VE降成本

虽说设计阶段会决定大部分成本，但量产阶段也可以通过调整所用原材料和零部件来降成本。也就是说，在量产阶段进行VA/VE，寻找替代品以降低成本。

但一定要避免过度追求低廉原材料和零部件，而导致制造困难，成本上升的情况出现。需要与制造设计一同，在注意不让制造成本上升的同时，切换为更便宜的替代品。

另外，如果单纯因为便宜就切换，可能反而会增加成本。例如，切换前的产品库存会被废弃；消耗完原有产品后再进行切换的话就需要进行消耗切换管理；通知客户原材料及包装材料发生了变更等。

不能因为库存单价会下降就不管其他。一定要注意，如果做不到通过不仅关注库存品单价，还要关注附带费用的增减来降成本，库存单价的降低有可能终会一场空。

10.5 通过作业改善与固定成本减少降成本

研究流程时发现的“不必要”

作业改善可以减少可变成本与固定成本

量产阶段降低库存单价的另外一个方法是作业改善。作业改善通过减少加工费与制造费用，使集中在库存品上的成本得以减少。作业改善的方法有很多，但整体方针就是消除“浪费”，减少非附加价值时间，并尽可能让作业时间投入制造行为本身中，即附加价值时间中。

总之就是“消除浪费”。消除浪费的方法有很多。例如，调整作业活动路线避免多余的移动，加工过程中进行换型准备以减少换产时间，设置专人运送零部件让操作者无需前去领取零部件而集中作业，可以从各种各样的角度进行作业改善。

另外，如 305 页图所示的 ECRS，是将消除浪费作为指标提出的改善方案。这种方法叫作 IE（Industrial Engineering）。

除了消除浪费外，提升成效也能降成本。提升成效就是提高相同时间内的产量。1 小时生产 100 个与 1 小时生产 200 个，成效翻了一倍，平均每个产品的作业费用就会减少一半，相应地成本就会减少这么多。

ABC（活动基准成本计算）的应用

ABC（Activity Based Costing：活动基准成本计算）是会计上采用的一种成本计算方法。其思路是让分配基准更符合事实，更为准确。

首先，其方法是，将制造间接成本集中到成本合计科目“成本池”，测算出可以更为准确地对成本进行分配的“成本动因（分配基准）”，然后进行分配。

不是简单分配基准中的人数和生产量，而是锁定实际会对成本产生影响的作业和活动，将其设定为成本动因，来进行正确的成本计算，以选择利润率更高的产品并发现降成本的优先对象。

例如，某个工厂将票据处理作业所需人工费分配到产量中。但细分下来发现票据处理作业中有金额较大的种类和金额较小的种类。这样的话，票据处理作业用时较长的那一种的成本应该更高。产量无法正确进行分配，成本计算也就不正确。这种情况下，应该将成本动因视为票据数量，进行减少票据数量的改善活动。

通过作业改善降成本

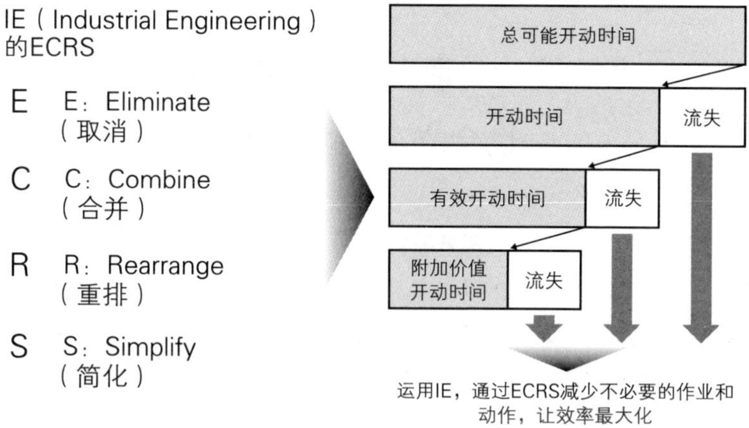

通过 ABC，从活动（成本动因）的分析结果中明确成本产生过程，对其进行改善。从 ABC 升级到 ABM（Activity Based Management：活动基准成本管理），以推进业务流程重组，有利于降低库存成本。

专栏

“领导一句话”，即便库存减了，也会立刻恢复原状

管理者一句话，库存虽会减少……

在我支援各个企业的过程中，经常会有库存一时减少，但不久后就恢复原状的情况出现。问了原因后发现，很多企业都是因为管理者的指示立刻将库存废弃，库存减少后，由于管理方式照旧，库存又堆积起来。有一些对这类事习以为常的企业会夸口说，“库存嘛，管理者一句话就能减下来”。

然而，观其后续发现，不久后库存就会恢复原状，到时又因为无法放任库存增加而提出“扔掉库存”的口号。

的确，管理者一句话可以让库存减少。但这只是暂时的，如果不在业务流程中确立抑制库存的体制，就只会陷入库存增加和废弃的循环，最终重复库存增加而带来资金困难与废弃损失。

不过是将并非提高企业收益力，而是单纯扔掉多余库存的粗暴的处理方式误认为是减库存活动罢了。

不确立业务流程的话，库存又会恢复原状

说到底，如果不将长期监视库存，并对其进行抑制作为业务流程，是无法保持合理库存持续经营的。重要的不是轰轰烈烈的减库存活动，而是日常库存管控工作的确立。

第 11 章

为实现库存最优化的可视化及管理指标

11.1 基础是库存月数和库存周转率

将易于掌握库存效率的数值作为管理指标

库销比的注意事项

库销比用库存除以销售额、发货实绩、使用实绩。以金额计算时使用如下算式：

库销比 = 月库存金额/单月销售额（使用实绩金额）

以数量计算时将以上算式中的金额换成数量即可。

库销比是表示相对于销售，库存可以维持几个月的指标。库销比越小，说明周转少量库存实现了销量的提升。

计算库销比时，分母可以设定为销售成本和制造成本。因为销售额中含有利润，会导致分母偏大。

当销售额统计及订购周期为每周时，管理库存的业务周期也为每周，因此要计算月库销比。

计算库销比时，分子库存数的计算方法有几种，如上月末库存与当月末库存的平均值，或者月末库存值。会计上一般取上月末库存与当月末库存的平均值计算，但实务中一般使用月末库存值。

其原因是，月末库存是准备下个月卖出而存在的，将其视作为了下个月准备了多少库存，更有助于理解库存管理做到了哪一步。

计算库销比时，分母销售额的计算方法也有几种。

一年的平均值，或者当月加上前后两个月，共计 3 个月的平均值，或者当月销售额，或者下个月的销售计划。

取一年的平均值时多是用于会计评估。实务中由于如果每月发货及销售计划变动较大，每月的库销比会过大或者过小，不利于评价，因此一般使用一年的平均值或者 3 个月的平均值。

但如果是想评价作为当月销售实绩结果的库存剩了多少，或者为了下个月的销售要进行多少准备，比较每月销售额应该更利于分析和判断。

所取数值时间不同，库销比也会不同，因此需要结合目的和效果来选取恰当的计算方法。

另外，库销比也叫库存率，计算方法一样。

库存周转率是库销比的倒数

库存周转率是库销比的倒数，算式如下：

库存周转率=月销售额（使用实绩金额）/月库存金额

库存周转率是表示为了达到每月销售额，库存进行了几次周转的指标，代表了库存的效率。

库存月数和库存周转率都是将易于掌握库存效率的数值作为管理指标。

11.2 CCC：测量现金效率的循环周期

掌握现金流量整体流向的指标

现金流量经营指标

有的企业不管有多少利润都会破产，即盈利破产。盈利破产是现金不足导致的。即因现金及现金的流入（现金流入）枯竭而破产。现金不足的一个重要原因就是库存。

库存增加则现金不足。库存是生产与调配的结果。除了用于生产的薪酬和其他制造费用外，还需要支付零部件费用。然而，留有库存就意味着还未完成销售。还未销售就意味着现金不会进来。应收取的现金还未进来，所以陷入了现金不足的境况。

同样，就算可以计为收入，但只要不是现金结付，就不会马上有现金进来。在变为现金之前，以应收账款、应收票据，即债券的形式存在。

应收账款与应收票据在会计上是现金等价物。但其毕竟不是现金，向职员支付工资或者给供货商付款时，不可能使用应收账款（虽然票据可以采取背书的方式进行转让支付，但不太被接受）。就算会计处理上将其计为收入，计为利润，也依然是应收账款和应收票据的形式，现金是不足的。不尽快回收现金的话就会发生盈利破产。

为了不陷入以上境况，以现金流向来掌握经营情况的就是现金流量经营。要想增加现金流量，最重要的是减少制造费用、增加利润，除此之外，还可以减少库存、减少应收账款和应收票据、增加应付账款和应付票据。最后一项增加应付账款和应付票据是指，通过延长支付时间长时间持有现金。

CCC 指标

CCC（Cash Conversion Cycle：循环周期）指标不仅限于库存，还可以用来掌握现金流量整体的流向。

CCC 由库存月数+应收债权月数-应付债务月数计算得出。应收债权月数为应收债权（应收账款+应收票据）除以销售额。应付债务月数为应负债务（应付账款+应付票据）除以销售额。

算式如下：

CCC =库存月数+应收债权月数-应付债务月数

=库存/销售额+应收债权/销售额-应付债务/销售额

CCC 指标表明库存周转越小库存越少，应收债权月数越短现金回收越快，应付债务月数越长支付越滞后，现金越丰富。

考虑现金流量的话，不仅要使库存最小化，尽快回收计为收入的现金并延迟支付债务也很重要。

用CCC掌握现金流量的流向

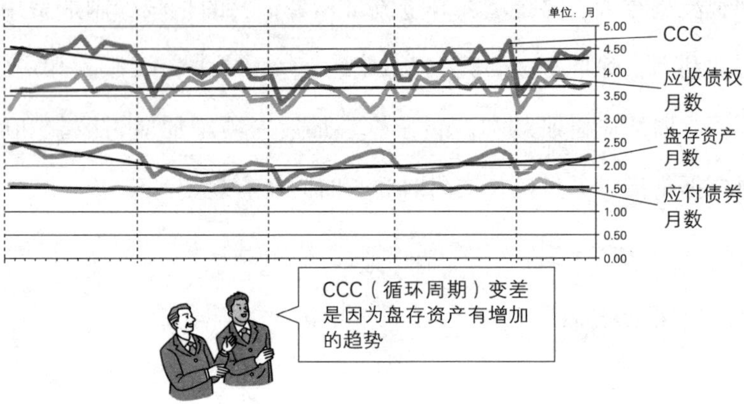

11.3 过剩库存、滞留库存、废弃代表了库存管理的好坏

需要兼顾顾客的指标

衡量过剩滞留的指标

库存准备的不足通过计算过剩库存就能进行评价。但过剩库存很难定义。如何判断是否过剩、设定过剩标准值很困难。

不过，前文已说过如何计算标准库存，可以将超过标准库存的库存定义为过剩。

如果只比标准库存多一点儿就视为过剩，可能全是过剩库存了。因此要用超过标准库存的比例来衡量。例如，将过剩库存定义为有超过标准库存 20%以上的产品。

衡量滞留库存的指标

滞留库存也是库存准备失败的一种，可以衡量库存管理的质量水平。但跟过剩库存一样，滞留库存也很难定义。如何判断是否为滞留库存，完全取决于企业的定义。

例如将其定义为“〇个月以上没有发货的产品”、“入库后〇个月没有发货的产品”。“〇个月”这个标准本身并没有特定的公式，而是由公司自身库存废弃或老旧化风险增加的时间决定。

决定废弃或老旧化风险增加的时间很重要。因为如果没有判断标准，很可能被人带有情绪地反驳说“只是因为不知道订单什么时候来才准备库存的，成功滞留会很麻烦”。

除了定义滞留库存并进行计算外，还可以计算库存的滞留时间。不考虑没有销售、发货的时间，而是将滞留特指为入库后的时间。

衡量报废的指标

报废是处理库存的终极手段。过剩库存或滞留库存能进行销售、转用还好，毫无办法的话就只能废弃了。

报废大多是无谓地准备了多余库存的结果，说明库存管理水平低。

报废既可以评价废弃金额本身的大小，也可以评价相对于销售额的废弃金额的大小。

只看库存相关指标会有问题

想要减少库存，只用库存相关指标来评价、判断的话，有时候会发生严重的问题。

给企业带来利润的是顾客。而企业有时候却完全不顾这个事实，将顾客抛在脑后，一心减库存。

减库存有时候会让库存一下子减少。如果过度进行，库存减得过多的话，缺货、收货延期等情况可能会发生。这样会给顾客带来很大的麻烦。

就我所知的企业中，就有几家公司出于自身原因进行减库存，结果因频繁缺货而失去了顾客。如果只关注库存指标，就可能忘了顾客的存在而判断错误。

接单命中率

推进库存管理改革也必须设定兼顾顾客的指标。

其中 1 项指标就是接单命中率。接单命中率就是顾客下单时，持有库存并能立刻满足订购需求的比例。

收到 100 个的订单，只有 95 个库存能够按期即时发货的话，接单命中率就为 95%。

顾客都是急性子。如果有需求的时候无法被满足，那么今后就不会再理了。接单命中率正是表明实现“需要之物、需要之量、在需要之时、送达需要之处”的最佳指标。

接单命中率也叫接单预备率或订单充足率。

接单命中率的前提是持有库存，适用于传统计划生产模式。如果是订单式生产，就应该使用“交货期遵守率”这项指标。

与接单命中率相反的缺货率

缺货率对订单中缺货数所占比例进行管理。与接单命中率相反。

押后订单数与解决时间

缺货后，对订单未完成时剩余多少件的情况进行管理的指标叫押后订单数。

押后订单如果不尽快解决会给顾客带来困扰。因此，押后订单解决时间也是必须管理的重要指标。

11.4 PSI 分析：关注供需平衡

在库存管控中不可或缺

PSI 平衡可视化

不作为一项管理指标进行定期计算，而是对长时间内的变化情况进行可视化管理，其中一个方法就是 PSI 平衡的可视化。

这个方法是以图表的形式将进销存计划与实绩、产销存计划与实绩可视化。将销售、订购和生产、库存三者联系起来并沿着时间轴体现出来，在这一点上，PSI 平衡的可视化非常优秀。

然而，很多企业并没有实现 PSI 平衡的可视化，销售与生产是独立管理的，在关注 PSI 平衡的同时提前采取措施是很困难的。

我在项目启动时都会确认 PSI 平衡，常为按时间序列纵向掌握企业实绩和今后计划情况的企业之少而感到惊讶。很多企业从未确认过 PSI 平衡情况。

但不看 PSI 平衡，要如何核实今后销售及库存的预测呢？

PSI 平衡的可视化

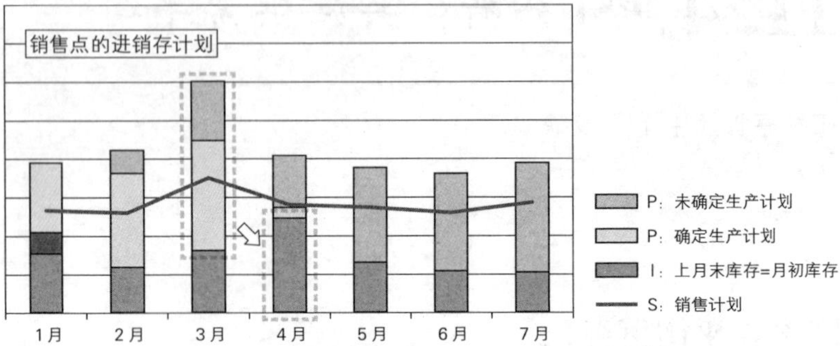

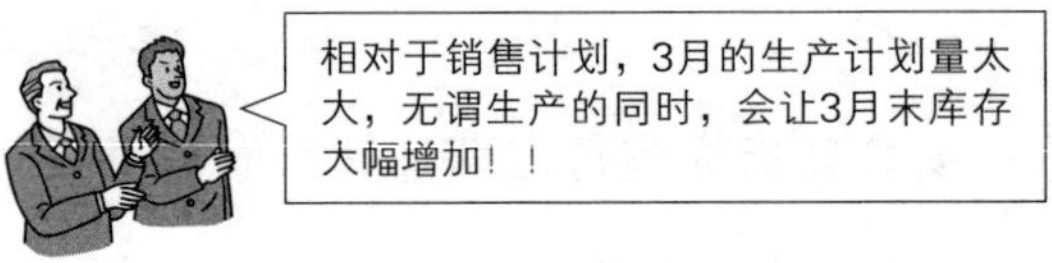

采购周期较长的原材料和零部件时，要如何判断销售趋势和滞留风险呢？

说到底，直到现在，很多日本企业都还是依靠现场的每个人来开展工作，即便是产品型企业，也没有建立产品管理体制。可以从以下这段话中看出来。一位曾任职于覆盖全球市场的跨国公司的人说过：

“我们找到了日本企业的 3 大弱点并将其彻底指出。其中一个就是供应链管理。日本企业完全没有实现供应链管理。”

这句话与我的想法不谋而合。日本企业几乎没有将管理体制中的供应链管理建立起来。努力控制全球库存，实现销量最大化和库存最小化，并没有成为管理对象。

以产品为对象的物流行业和制造行业，如果产品管控弱，那么早晚会从市场上消失。

供应链管理可以预测未来风险，让收益和资产效率最大化。不看 PSI 平衡就无法掌握计划与实绩的差异并预测未来，在这样的情况下，日本企业到底在针对什么下决定？

如果制造指令和订单只下到明后天，就只能停留在预测时间过于短暂的处理水平上。

PSI 平衡的可视化是必需的。

入库-出库分析：让库存滞留可视化

有一个与 PSI 平衡类似的可视化方法，即将入库时间、数量与出库时间、数量联系起来，让滞留时间可视化的“入库-出库分析”。

入库-出库的数量差及入库时间差异部分的面积大小，代表滞留。这个面积越小，说明入库与出库同步，库存周转良好。

累积销售计划变化史

通过累积销售计划变化史可以预测今后的销售情况。例如，如果累积图有下降趋势，就可以预测到对今后的生产、零部件和原材料采购的影响，还能看出最坏有终止的可能。

累积销售计划变化史如果根据顾客的内示来制作，那么能看出顾客内示的风险。

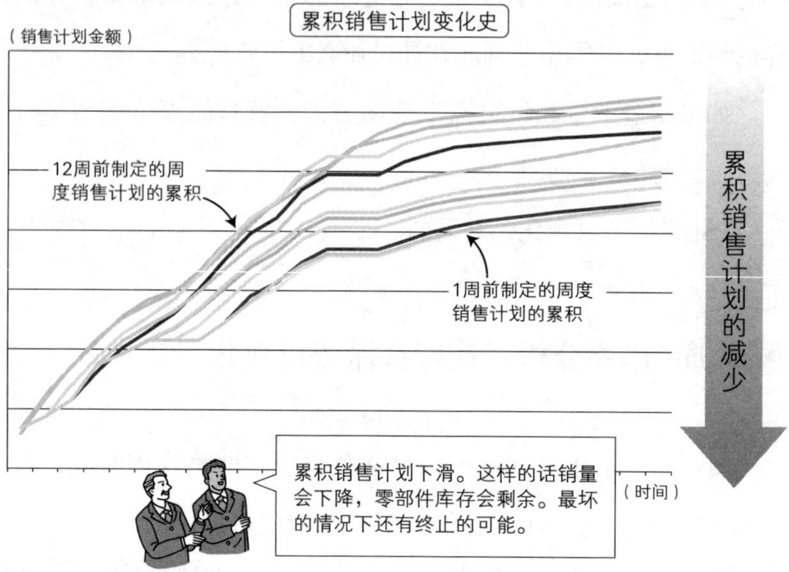

专栏

机遇管理与顾客内示变化的可视化

靠商务谈判决定业务的企业，在对商务谈判数量和进度进行管理时，可以看到销量的源头。因为商务谈判数量越少，说明今后收入堪忧，所以商务谈判是否进展顺利、是否签约，这种商务谈判的进展和成功率很重要。

这种对商务谈判的管理就称为“机遇管理（opportunity management）”。Opportunity 是机遇的意思，也就是管理机遇。

机遇管理是创造收入的最先进的管理方式。通过销售与运营计划S&OP，可以验证销售计划的精确度，而对以商务谈判为主的企业来说，机遇管理更为重要，需要在制订 S&OP 的销售计划时就加入机遇管理的理念。

验证销售计划的准确度时，如果有顾客内示，就用时间序列让内示情况可视化。通过时间序列可以了解生成实际订单前是如何变化的，再用于计算安全库存。

另外，将顾客内示累积起来，掌握内示的变化情况，就能发现刚开始看涨的顾客内示变得疲软，或者反过来由疲软转为上涨趋势。从这种累积数据变化图可以看出未来订单增加或者中止的可能性，成为收入预计风险的判断材料。

在我看来，顾客内示变化的可视化是必须进行的可视化工作。但除个人所花工夫，作为一个企业来说做到这一点的很少。

另外，通过掌握销售点订购计划的变化情况，可以从计划与实绩的差异中推算出安全库存，看出销售点的计划风险。

第12章

让库存最优化的系统

12.1 需求预测系统是统计性地预测需求

重点在于验证是否需要高级统计模型

需求预测系统的功能

“需求预测系统”是预测销售和发货的系统。主要功能是根据销售（发货）实绩，使用统计模型进行统计预测。

使用统计预测时，需要具备排除实绩值中异常值的功能。实绩值中有一些商务过程中产生的偶发性需求、异常值，或者偶然导致的异常值，如果不将这些排除掉，预测可能会变得奇怪。但实际上，系统并不能排除异常值，要在导入数据前进行一次加工，即“需求预测包”。统计模型也有好几个。需求预测包涵盖的统计模型有很多种，既有简单的也有复杂的。

另外，只有统计预测还不够，预测后需要人为修正数字。随着市场商业活动的开展，可能出现扩大销售或人为停止发货的情况，所以需要能够反映这些特殊需求的功能。

而统计模型的选择方面，既可以由需求预测包系统自动选择，也可以人为选择并调整部分参数。两种方法没有优劣之分，如果想充分享受模拟计算，那么统计模型的自动选择功能更方便。

如果无法使用统计模型进行预测，就要进行人为预测。有的需求预测包系统完全无法输入人为预测信息，有的需求预测包系统则可以输入，并能让其与统计预测一起显示。

统计模型需要能够进行简单修复。因为总是用同一个统计算式，会逐渐与实际不吻合，导致最终弃而不用的情况经常发生。

市面上有很多作为需求预测系统的预测包系统。但单独直接使用比较困难，需要开发传输数据的接口。

统计解析系统的利用

没有当作需求预测系统而销售的统计解析系统，也可以作为需求预测系统使用。不过，统计解析系统是用来做统计解析的，如果要用作需求预测就需要进一步开发。

简单预测的话计算表软件就足够

如果是简单预测模型，计算表软件就足够了。事实上，很多企业都在使用计算表软件进行需求预测。计算表软件的优点在于便宜且用户可以自由使用。从便捷这一点来看，计算表软件具有优势。但也有风险，比如维护表格需要花费额外的时间，将预测工作黑箱化的业务质量无法维持。

需求预测系统的注意事项

就库存管理实务中所需的需求预测系统，是否要用特别高级的统计模型这一点，有必要进行讨论。如果使用特别高级的统计模型就会无法解释预测结果，统计模型的维持和使用也不简单。

需要仔细验证一下，公司的需求预测工作真的需要高级统计模型吗，能坚持使用吗。

抱有需求预测不准的想法更为稳妥

经常有人说“只要提高预测准确度就没问题”，但预测不可能 100%全中。如果以 100%全中为目标就会让工作没有效果。如前所述，相比于猜中，为预测不准的情况做准备，能够敏捷地对应更为重要。

12.2 进行进销存计划、产销存计划和 S&OP/PSI 的系统

有可能用于承担部分工作流程

SCP

自动生成进销存计划和产销存计划的构造叫作 SCP（Supply Chain Planning）。其可以根据销售计划自动制订库存计划，并拟定采购计划和生产计划。

2000 年左右，SCP 作为自动计算系统在全球掀起了热潮，很多公司都引入了 SCP，但如今引进的并不多，反而有不少公司将当时引进的系统废弃了。

当时宣传说是“自动最优化计算”“整体最佳”，但如前所述，这个问题伴随着计划这种高级的经营判断，并与各个组织的利害相关，不可能用系统自动计算出来。

当然，SCP 系统没有夹杂人为判断，且能够短时间拟订计划，因此对于计划自动化而言十分方便。另外，可以多次反复进行模拟这一点虽然也很方便，但并非完全不受拘束。由于数据量大、条件复杂，其一旦开始计算，就会花好几个小时，导

致系统无法使用。

SCP 作为自动计算系统也许能够担任部分业务流程。但毕竟不可能由系统来完成包含了人为意思的工作，因此作为业务中的一个环节也足够了。

进行 S&OP/PSI 的系统

进行 S&OP/PSI 时，像 SCP 这些自动计算产品单位的系统没有太大作用。S&OP/PSI 需要兼具集中反映收益情况的单品种

PSI用可视化系统就够了

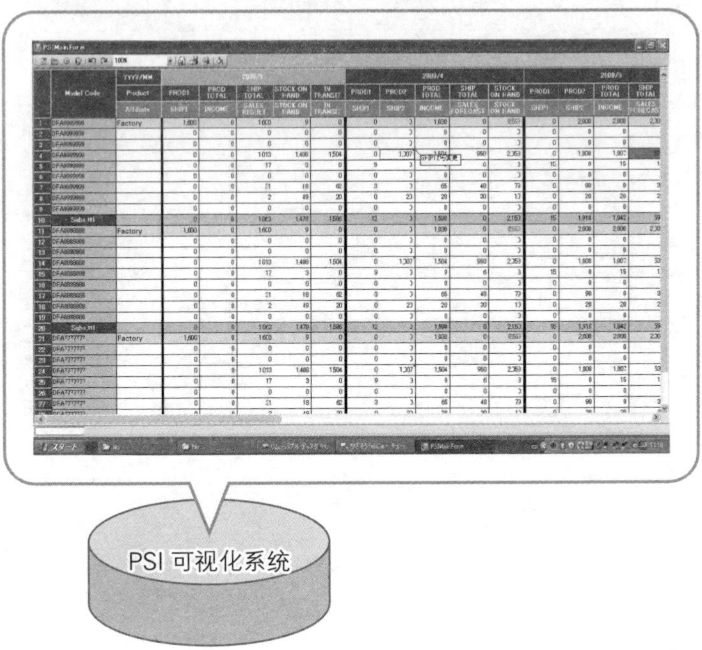

类、组织和地区，换算数量金额，变换汇率，与预算进行比较等分析功能和计划功能。

近来市面上有不少打着 S&OP/PSI 系统名号的预测包系统，但由于汇总和分析轴因公司而异，所以最终还是需要特别定制。

与买一个贵的预测包系统后花费庞大的改装费用相比，买一个便宜的数据库系统后根据公司情况进行构建更为合理。

12.3 基干系统与追踪实际库存动向的系统

现场要规范、正确、及时地录入数据

ERP 是库存管理的关键

ERP 全称是 Enterprise Resource Planning，译为“统合基干系统”。虽然名称中有 planning，但实际上并非计划系统，而是制造指令管理、采购指令管理、实绩汇总与会计信息的数据库。负责在生产管理的三大支柱——计划、执行与实绩汇总之间下达执行指令并管理实绩。在统合数据这一点上十分优秀。

ERP 通过票据追踪产品动向。出库依照出库指令，制造依照制造指令，计算成本。制造完成后送到仓库，入库增加。在库存出入及成本计算方面起到重要作用。如果 ERP 运用得当，库存台账管理就会精确，半成品和产品的成本计算也能更快进行。

ERP 无法实现 BPR

以前有人说过，只要引入 ERP 就能实现 BPR（Business

Process Re-Engineering）这一巨大的业务改革。这都是不切实际的幻想。

说到底，执行指令和实绩汇总并没有附加价值，只有统合管理及迅速汇总实绩的价值。不能将业务的标准化称为 BPR。

ERP 与 MRP 的关系

MRP（Material Requirement Planning）是生产管理系统，即“物料所需量计算”，可以计算制造时的真正所需量。

要想计算真正所需量，就需要库存管理，就需要掌握库存出入状况来进行库存管理。另外，计算所需量还需要从采购计划和生产计划中获取需求数，得出所需量后再下达制造指令和采购指令。

MRP 具有库存管理、库存出入管理和指令管理的功能，与 ERP 类似。事实上，ERP 结合了 MRP 的功能，因此在库存管理方面二者是一样的。

不管是 ERP 还是 MRP，在库存管理方面都是实绩管理的关键，要将传统库存台账管理的纸面作业系统化。

ERP 和 MRP 的管理对象是“执行性业务”。严格管理执行性业务，让 ERP 和 MRP 记录的库存数据与实际相符是非常重要的。计划工作就在 ERP 和 MRP 的库存数据、未发订单数据的基础上拟订计划。ERP 和 MRP 的数据混乱的话，计划也会随之混乱。

引入 ERP 和 MRP 时，相较于系统功能，让现场规范、正确、及时地录入数据更为重要。

制造执行系统 MES——制造现场的 ERP

MES 全称是 Manufacturing Execution System，即在制造现场下达制造指令并汇总实绩的“制造执行系统”。

MES 从 MRP 和 ERP 收到制造指令后，向现场发送作业指令。由于作业指令要根据作业现场情况下达，因此 MES 一般都具备所需量展开与工序展开（作业展开）的功能。在这一点上，MES 与 MRP 的功能看似重合，但二者管理工序的细致程度是不一样的。

MES 还会收集制造指令所对应的实绩情况。在制造现场，会通过 MES 将投入材料数量、产量、作业时间和作业条件等作为制造记录留存。负责制造现场库存出入的也是 MES。

同时，收集作业实际与作业状态相关信息的 MES，既是作业实绩的数据库，也是作业时间与投入人员等成本计算基本数据的来源。

仓库管理系统 WMS

“仓库管理系统”叫 WMS（Warehouse Management System）。对于生产管理而言，仓库管理系统很重要，是现品管理的基石。不仅管理保管品，还有很多其他功能。

WMS 的第一个功能就是“库存状态管理”。对保管品的入库时间、批次号、包装、重量、使用期限等状态信息进行管理。

第二个功能是“出库、预备功能”。下达出库指令时，要依据预备顺序逻辑进行出库。要有预备规则，如先入先出的 FIFO 功能，预备批次号不能晚于已发批次号的“批次颠倒防止预备”，预备合适库存后出库。WMS 还兼具其他的入库登记功能、位置管理功能等。WMS 正是库存现品管理的关键。

追踪物流库存的 LMS

LMS（Logistics Management System）追踪库存装运情况。跟踪库存离开仓库后到了哪里，用作回复送达日期及入库准备作业。

有 LMS 的话，既能避免出现仓库一发货库存就消失的情况，也能在库存告急时掌握精准的入库时间，以判断能否紧急发货。

然而就算引入 LMS，如果不能从其他公司获得通关信息及船舶日程表，也无法让运送库存情况可视化。与外部公司之间的信息交流的建立比较困难，为此有专门承包这类信息管理的公司，如果需要 LMS 可以考虑使用。

东方出版社助力中国制造业升级

定价：28.00 元

定价：32.00 元

定价：32.00 元

定价：32.00 元

定价：32.00 元

定价：32.00 元

定价：30.00 元

定价：30.00 元

定价：32.00 元

定价：28.00 元

定价：28.00元

定价：36.00元

定价：30.00元

定价：32.00元

定价：32.00元

定价：32.00元

定价：38.00元

定价：26.00元

定价：36.00元

定价：22.00元

定价：32.00元

定价：36.00元

定价：36.00元

定价：36.00元

定价：38.00元

定价：28.00元

定价：38.00元

定价：36.00元

定价：38.00元

定价：36.00元

定价：36.00元

定价：46.00元

定价：38.00元

定价：42.00元

定价：49.80元

定价：38.00元

定价：38.00元

定价：38.00元

定价：45.00元

定价：52.00元

定价：42. 00 元

定价：42. 00 元

定价：48. 00 元

定价：58. 00 元

定价：48. 00 元

定价：58. 00 元

定价：58.00 元

定价：42.00 元

定价：58.00 元

定价：58.00 元

定价：58.00 元

定价：58.00 元

定价：58.00 元

定价：58.00 元

定价：58.00 元